U0937609

极简企业史

中国商业文明的一种记忆

1978—2018

蓝狮子·企业研究院 策划

何丹 钱跃东 毛洺 编著

中国经济出版社
CHINA ECONOMIC PUBLISHING HOUSE
·北京·

图书在版编目（CIP）数据

极简企业史：中国商业文明的一种记忆：1978—2018/蓝狮子·企业研究院策划．何丹，钱跃东，毛洺编著．—北京：中国经济出版社，2018.10

ISBN 978-7-5136-5331-2

Ⅰ.①极… Ⅱ.①蓝… Ⅲ.①何… ②钱… ③毛… Ⅳ.①企业史—中国—1978—2018 Ⅴ.①F279.297.3

中国版本图书馆 CIP 数据核字（2018）第 197654 号

策划编辑　崔姜薇
责任编辑　张　博
特约编辑　项　侃
责任印制　马小宾
封面设计　叶怡涵 任燕飞

出版发行　中国经济出版社
印 刷 者　北京柏力行彩印有限公司
经 销 者　各地新华书店
开　　本　880mm×1230mm　1/32
印　　张　7.375
插　　页　0.125
字　　数　168 千字
版　　次　2018 年 10 月第 1 版
印　　次　2018 年 10 月第 1 次
定　　价　58.00 元
广告经营许可证　京西工商广字第 8179 号

中国经济出版社　**网址** www.economyph.com　**社址** 北京市西城区百万庄北街 3 号　**邮编** 100037
本版图书如存在印装质量问题，请与本社发行中心联系调换（联系电话：010-68330607）

序　让时间成为文明

（一）

时间早已打开。

倘若这个世界上真的存在时光机，并且我们有幸乘坐它回到1978年，然后在广袤的中华大地上向人们发问，请他们畅想四十年后的生活场景，相信即使是最为大胆、最富有想象力的人，也不可能预见到中国今天的景象。在那个“楼上楼下，电灯电话”即象征共产主义的年代，人们无法理解流光溢彩的城市夜空和无远弗届的水、电、气、路基础设施；在那个生活必需品凭票供应、工业品几乎全由国营单位按照计划生产和配置的短缺经济年代，人们无法想象仅四十年后中国竟会成为全球唯一拥有联合国产业分类目录中所有工业门类的国家，并以无与伦比的产业组织能力，使标有“Made in China”的产品几乎覆盖了全世界每一个角落。我们几乎可以这么说，在过去的四十年里，中国经济的强势崛起是剧烈动荡的世界格局中，影响最为深远的一个变化。

于是，我们会很自然地提问道：到底是什么样的力量，促成了这一不可思议的变化？人们通常给出的答案是“改革开放”。这个答案既正确，又笼统。因为这四个简单的汉字背后，是执政理念与基础的再定义与再阐释，是一整套社会组织形式的剧烈变革，是延宕千年的大集权思维和“重农抑商”“重义轻利”观念的艰难重构……无论从何种角度来说，从“改革开放”到“经济腾飞”，都不可能用一个“等于”符号简单勾连，其中变量之繁复，绝非寥寥数语所能剖解分明。

（二）

确实有许多人试图挖掘复杂现象背后的本质逻辑。经济学家周其仁从罗纳德·科斯（Ronald H. Coase）所提出的命题“清楚的产权界定是市场交易的前提”出发，指出“邓（小平）的改革之道在某种程度上就是坚持产权界定并寸步不移……他始终坚持一点，无论如何也要容许中国人在实际的约束条件下从事制度和组织选择的探索和试验。任何产权、组织或合约形式，只要被证明可以促进生产的增加和人民生活的改善，邓小平就乐意运用自己的政治威望动员国家机器，在‘中国特色社会主义’的总标题下为之提供合法承认。”①

---

① 周其仁．中国做对了什么［M］．北京：中国计划出版社，2017.

坚持产权界定的结果是，苏式计划经济体制下全知全能、无所不包的“超级国家公司”开始逐步让渡权力并缩小边界。这种让渡至少包含这样几个方面：首先，对于原来就是国家经济主体的公有制经济，不断下放经营权限，并逐渐将改革重点聚焦于产权制度，从“管企业”转向“管资本”；其次，通过自下而上的“先试验再合法化”的尝试，逐步承认私有产权的合法性，允许其在绝大部分经济领域参与市场竞争，由此完成高速积累和扩张；此外，对于此前被视为洪水猛兽的境外经济主体，中国在四十年间坚定不移地对之有序开放市场，跨国资本带来的除了可观的增量资金，还有更为现代的经营管理理念、技术能力和生活方式，这对中国与世界的接轨起到了举足轻重的作用。由是，在过去四十年中，国有企业、民营企业和外资企业的次第崛起、争相斗艳和彼此交融，成为这个时代最显著的印记之一。

事实上，公司集群在中国的高速崛起，可能恰恰是中国改革开放得以成功的关键变量。西方古典经济学相信完全有效的市场，认为价格机制可以配置一切资源，而科斯发现价格机制并不免费，为了节约市场交易费用，就应当存在由企业家权威和计划来协调的“公司”；而改革前的中国则处在另外一极——一个用国家权威和计划来协调经济的“超级国家公司”消灭了所有的市场交易，也因而节省了所有交易费用，但另外一种成本即“组织成本”却沉重到了让人无法忍受的地步，因而，由庞大的国家政权向更小更灵活的经济单位让渡权力和开放边界，已经成了不得不为的历史必然。

周其仁用史诗般的笔调感叹道："一个实事求是的经济学家离开了'看不见的手'支配一切的理论原点，向企业家协调与价格机制协调并用的真实世界出发；一个实事求是的政治家离开了计划经济的教条，向市场与计划并用的体制前进——他们'会面'的地方不是别处，恰恰就是改革的中国！"

财经作家吴晓波则从企业的所有者或管理者——企业家的角度来盛赞这一现象："企业家作为一个阶层，在1956年曾经被制度性地清除。1978年之后，企业家从无到有的出现过程，可谓本轮改革开放最为重大的事件之一，因而具备了创世纪般的特征。四十年间，企业家第一次替代政府成为解决就业和摆脱经济危机的领导力量，富有创新的企业家精神深刻地影响了社会的各个领域，并重新塑造了一代中国青年。"①

（三）

以后人观之，四十年不过弹指一挥间，但回首过往，确乎已然沧桑巨变。时代的车轮依旧隆隆向前，并不因抵达一

① 吴晓波．激荡十年，水大鱼大：中国企业2008—2018［M］．北京：中信出版社，2017.

座新的里程碑而稍事休息，但作为时代记录者的我们，却可以驻足当下，回望来程，集史为鉴，以飨读者。这就是我们编纂本书的初衷：通过对中国四十年来的企业发展史做简明而精要的梳理概括，帮助读者从企业发展的角度，品读过去四十年间最为激动人心的中国故事。

我们注意到，在过去几十年中，伴随商业力量的生长，商业文化逐渐冲破保守思想的藩篱，从被压制、被鄙夷，到被认可、被称颂，其间的转变既有赖于物质财富快速增长冲销了传统价值观的犹疑，也得益于众多观察者的记录与传播。这些观察者或是高屋建瓴地梳理中国商业历史的发展脉络，或是娓娓道来地细数优秀企业的成长历程，或是冷静尖锐地剖析商业案例或商业事件，商业文明经由他们的思考和表达，这才逐渐在大众心智中占据一席之地，进而成为社会主流。

然而，迄今为止，蔚为大观的企业史书籍依然星散四方，构成了中国商业文明中最为厚实却又面目模糊的基底。有鉴于此，我们希望通过自己微薄的力量，将它们收集整理起来，以方便读者按图索骥，找到自己心目中的“珍珠”。

因此，在每一个小节前，我们都引用了吴晓波老师的“中国企业家谱系”，并在每一章之后特别设置了“改革开放40年百部企业案例图书——蓝狮子精选书单”。

让时间成为文明。

是为序。

目录

第一章 1978—1983

改革开放初期

历时四十年的中国经济崛起运动——改革开放，启兆于对计划经济和阶级斗争理论的告别，它开始得非常匆忙且充满了争议，因而并无“蓝图”可言。不过，其发起的路径则是清晰的：所谓改革，是从农村发动，以“包田到户”承包制为突破口，解放农民的劳动生产积极性；所谓开放，则是试图以特区和沿海城市搞活的方式，引进国际资本，实现制造业的进口替代。

因而，企业家的萌芽，便是在这两大领域中率先出现，并以“农村能人”的广泛涌现为最重要的特征。

在广袤的农村地区，企业家的诞生分为三类族群，一是政经合一的村级带头人，二是社队作坊或小工厂的厂长，三是县村个体劳动者。

社队企业的历史非常悠长，几乎与人民公社同步。它在资产归属权上具备集体所有制的性质，同时还带有“强人经济”和家族世袭的特征。

社队企业的代表人物：

禹作敏——天津，静海大邱庄；

吴仁宝——江苏，江阴华西村；

王宏斌——河南，临颍南街村；

徐文荣——浙江，东阳横店村。

上述“一庄三村”，是20世纪80年代早期的农村工业经济改革典范，此四人均为村级组织的党支部书记，同时又是企业的法人代表，兼具地方行政治理和经营赢利的双重职责。

除了这一特殊模式之外，还有一些人并不具有行政身份，是村级或县级工厂的负责人：

鲁冠球——浙江，萧山万向节总厂；

沈文荣——江苏，张家港锦丰轧花剥绒厂；

步鑫生——浙江，海盐衬衫总厂；

何享健——广东，顺德北街办塑料生产组。

尽管这些人所创办的企业被统称为“乡镇企业”，不过在创建模式上还是有很微妙的差别，后者更符合经典意义上的企业组织。进入90年代之后，后者中的大多数完成了产权改制，而前者迄今仍在所有制上模糊不清。

第三类人是个体劳动者，他们大多出身于社会最底层的拾荒者、失地农民或“坏分子”家庭，具备草根创业的特征。在早期，因为鲜明的私人资本特征，遭到激烈的公共争论，受到了最大限度的制度性打击：

年广久——安徽，芜湖“傻子瓜子”；

温州“八大王”——浙江，温州的生产或贸易从业者；

刘永行、刘永好四兄弟——四川，新津鹌鹑养殖。

在对外开放领域中，率先出现的是香港商人，这与深圳特区的创建和华南地区的开明治理有关。一个非常隐秘的事实是，这些进入内地发展的香港商人中，有相当比例是20世纪六七十年代的逃港者回归。

——《激荡十年：水大鱼大》

一、乡镇企业：集涓为流

改革开放肇始于 1978 年，但在最初的几年，中国唯一清晰的概念是必须以经济建设为中心，必须进行改革开放，但具体怎样做，却处于一片混沌之中，不仅没有明确的方向，甚至会出现反复。吴晓波在他的《激荡三十年》中，将这段时间概括为“没有规则的骚动”。中国企业集束式的爆发，还要延后至 1984 年邓小平南方谈话之后。不过，在这一段时间，由于改革首先发生在农村（即包产到户），因此社队企业（后来改称为“乡镇企业”）成为最早出现的企业形式，这些企业大多因为种种原因而解散，而其中的佼佼者在饱经磨难之后，则成长为具有标杆意义的著名企业。

典型企业：

知名民营企业：横店集团、万向集团、江苏沙钢集团、新希望集团等

典型家电企业：美的集团、TCL 集团、康佳集团、长虹电器、海信集团、格兰仕集团等

当我们把时钟回拨五十年，坐标定位在浙江萧山，在昔日那片人口稠密、地力贫瘠的小平原上，大抵没有谁能料想一棵乡镇企业的“常青树”将拔地而起、刺破苍穹。它就是今天营收超千亿元的万向集团，当年由25岁的鲁冠球牵头创办的“宁围公社农机厂”。

1969年8月，我国“第一次全国建设县修造厂工作会议”召开，政府提出了“每个城镇都要有农机修理厂”的要求。在铁桶般的统购统销年代，年轻的鲁冠球敏锐地觉察到，某种机遇正像一道光穿过缝隙而来。他变卖了全部家当，筹集资金4000元，带领6个农民，以一只火炉、几把榔头、一个84平方米的房子，在钱塘江畔创办了“宁围公社农机修配厂”。

在市场经济尚未开启的计划经济时代，生产、采购、销售等一切经营环节都需要国家下达指标，除此之外流通的物品都是“非法的”。然而鲁冠球是精明的，他东钻西闯，终于找到了一线生机，他们的厂子专门为周边公社的农具提供配套生产：饲料机上的榔头、打板，拖拉机上的尾轮叉，柴油机上的油嘴，农民需要什么就做什么。到1978年，工厂已经有了400余人，年产值逾300万。鲁冠球就这样跌跌撞撞地完成了原始积累，厂子像滚雪球一样发展了起来。

正如奥地利经济学家米塞斯所说，成功的企业家是那些最能满足消费者需求的变动、事先做出调整、为公众谋取最大消费者剩余的发起人和创造者，他们的天职就是利用稀缺资源最有效地服务社会、服务公众，以满足他们最迫切的需要。

1979年左右，工厂门口已挂上了宁围农机厂、宁围轴承厂、宁围链条厂等多块牌子，工厂已经能够每天创造 1 万元的利润。彼时，改革开放的大幕已经拉开，鲁冠球看到了中国汽车市场的前景，决定调整战略，集中力量生产专业化的汽车万向节。他的工厂亦改名为萧山万向节厂。

鲁冠球在 1980 年的全国汽车零部件订货会上的成绩尤其能体现他天生的经营能力，也是他事业的第一个爆发点。当时，鲁冠球亲自带队，拉着两卡车“钱潮牌”万向节到主办地山东胶南县，但由于萧山万向节厂属于乡镇企业，他们被拒绝入场。出师不利，但鲁冠球并没有放弃，而是悄悄派人进场探得“内情”，当获悉场内的买卖双方纠缠的只是“价格”时，他果断以低于场内 20% 的价格斩获了 210 万元的订单。

“乡镇企业最重要的优势，也许是它们没有受到那么多来自政府的官僚控制。由于不受国家工业生产计划的限制，乡镇企业根据市场需求进行生产，并对不断变化的市场机遇做出迅速反应。”科斯（Ronald H. Coase）在《变革中国》一书中写道。鲁冠球的成功似乎也印证了这种可能，那就是体制外的民营企业有机会凭借灵活性在某些冷门的领域获得成功。

此后数年，他一直靠低价战略，使“钱潮牌”产品牢牢控制着国内大部分市场，创造了“万向节奇效”。

尽管只有初一文化水平，且从未接触过任何企业管理知识，鲁冠球却有着极高的商业敏锐度，并善于把握时代的脉搏。如今鲁冠球已离世，但他留下了一个历经半个世纪风雨，产业遍及世界各地，直接或间接控股十家上市公司，横跨制造、能源、金融、农业、资源等诸多行业的巨型跨国集团。

与鲁冠球同时代的乡镇企业家中，美的集团的何享健也是绕不开的人物。

如今市值近 3000 亿的美的集团前身是半个世纪前何享健集资 5000 元创办的“北滘街办塑料生产组”。那是 1968 年，这一年，17 岁的知青刘永好还在四川成都市郊的新津县古家村这个“兔子都不拉屎”的地方插队，每天的工分是 1 角 4 分钱；24 岁的大学毕业生柳传志正在广东珠海白藤农场下放劳动；江苏华西村的吴仁宝、天津大邱庄的禹作敏刚开始偷偷摸摸“吃螃蟹”……

而何享健的这家小作坊也一直在政策夹缝中艰难求存，因为要跑市场，他一度坐着闷罐火车走遍大江南北，为了节约开支，他早餐就喝一碗红糖水，晚上睡在火车站里。他怕差旅费被人偷走，不敢乱放，就藏在鞋子里面——正是在这风餐露宿的岁月中，他磨炼出了对市场的敏感嗅觉。

20 世纪 70 年代末期，港澳同胞回故乡探亲带家电已成时尚，外商投资的大部分合资企业也选择的是家电行业。身处侨乡顺德的何享健立即意识到了商机，他迅速着手组装生产金属电风扇，1980 年 11 月，再次更名后的“顺德县北滘公社电器厂”生产出第一台 40 厘米台扇，命名为“明珠”牌。一年后，企业又变为“顺德县美的风扇厂”，员工 251 人，年产风扇 13167 台，总产值 328. 4 万元，利润 41. 8 万元。功夫不负有心人，何享健的事业终于迎来了新的转机。

此后，美的成功转产空调，并成为中国第一家完成股份制改造的乡镇企业和第一家上市的乡镇企业，迎来了高速成长期，步入中国家电巨头行列。何享健也一路高歌猛进，继续书写着他不可思议的创富神话。

当然，乡镇企业的创业者倒也并非全部“出身草莽”，一些受过高等教育的年轻人同样为改革的浪潮所鼓舞，他们的经历同样颇富传奇色彩。

1978 年，高考恢复，上百万青年如过江之鲫般地涌向刚刚打开大门的大学，华南理工大学的无线电专业招进了几十个最大年龄差超过 20 岁以上的学生，其中 3 位分别是李东生、陈伟荣、黄宏生。十多年后，他们三人分别创办了 TCL、康佳和创维，极盛之时这三家公司的彩电产量之和占全国总产量的 40% 。

时隔多年，“华南理工三剑客”之名早已不复存在：陈伟荣离奇辞职，黄宏生被捕入狱，只有李东生一直带领 TCL 奋斗至今。

李东生小时候性格内向，不爱说话。三年级暑假，邻居家的小伙伴喊他去东江打水仗，他却抱着厚厚的《林海雪原》，几百页的小说上批注越来越多，李东生也从小男孩长成一个大小伙。18 岁那年，他成了下乡知青，其间还当过民兵排长。

恢复高考之后，李东生仅仅复习了 3 个月，就考上华南理工的无线电专业。后来，他被分配到惠州科委当干部，可是刚干了两个月，他就厌倦了按部就班，主动申请调到生产卡式磁带的中国大陆地区与中国香港地区的合资公司 TTK 家电，成了 TTK 的第 43 号员工，职位是工程师，也叫车间修理工。不过，李东生做事极为认真负责，每天下班前要把全厂机器检查个遍。勤勉努力从来是稀缺的品质，何况是那个年代的高才生，李先生自然很容易获得领导赏识。当年年底，李东生就被提拔为车间主任。

除了勤奋，李东生的经商头脑也逐渐显露。有一回，他去北京参加展销会，当时，所有的展柜都中规中矩，他却不按套路出牌，买来彩带和彩灯，把 TTK 展台打扮得流光溢彩。结果 TTK 一展成名，当年卡式磁带销量翻了一番，销售额突破 200 万。

年纪轻轻辞职下海，兢兢业业起于基层。在那个到民营工厂上班被视为一件很丢脸事情的年代，在那个做点小生意就会被蔑称为“个体户”、一个“没有组织的人”、一个不受保护的体制外的流浪汉的特殊时期，李东生非但挑战了整个迂腐的社会伦理，而且做得生龙活虎，别具一格，浑身上下洋溢着开拓创新的热情。在他身上，一个现代企业家的形象已隐约可见。

1984 年，李东升被派到香港开拓海外业务，从采购到销售全面接触海外市场。其中一个大客户来自法国，酒桌上向他挑衅“一杯酒一箱磁带”，结果文质彬彬的李东生一口气灌了 30 杯白酒，对方唯有叹服。从此，卡式 TTK 的磁带销路彻底打开，短短一年，就在香港销售了 600 多万盒。

从香港回到惠州，李先生建议公司生产电话机，他提到“国内的电话普及率仅有 0.38%，不及世界平均水平的十分之一”。正是听了这句话，领导当即拍板成立 TCL 电话机厂，28 岁的李东生被任命为总经理，此时距离他毕业仅仅两年时间……

从鲁冠球、何享健，到李东生，我们大致能发现改革开放以来第一批民营企业家的共同特质，他们既能顺应时代变迁，又能洞悉政策走向，更有着对市场的精准预判，对创业的无限热忱。与其说他们的成功是因为站在了“风口”上，不如说他们数十年的创业历程已经构成了时代嬗变的一部分。套用卡尔·波普的“开放社会理论”，在开放社会与企业家之间，显然是一种互为因果的关系；一个健全的开放社会必然催生更多优秀的企业家，而一批优秀的企业家，反过来又进一步推动开放社会的发展。

科斯曾一度认为，“乡镇企业是改革初期带动中国增长和工业化进程的主要驱动力……作为农村非农业工作岗位的主要来源，尤其在改革的前 20 年里，乡镇企业对活跃中国非公有部门发挥了不可替代的核心作用。”

诚如科斯的评价，短短十余年间，乡镇企业开拓了蔚为壮观的发展格局，深刻地影响了中国的命运。而它们的雇员数量也从 1978 年的 2800 万增加到 1996 年的峰值 1. 35 亿。在同一时期，乡镇企业在国内生产总值中的比重更是从 6% 上升到 26%，实现了“四分天下有其一”的格局，中国农民在城市之外，在粗放经营、缺乏法律保护的环境中，创建了一个貌似粗糙土气实则肌体强悍的工业化体系。

纵然民营经济尤其乡镇企业的兴起更接近一场“计划外”的成果，但乡镇企业对中国经济市场化的作用却是显而易见的。对此，吴晓波曾用文学化的笔法这样写道：“当市场的大闸被小心翼翼地打开的时候，自由的水流就开始渗透了进来，一切都变得无法逆转，那些自由的水流是那么的弱小，却又是那么的肆意，它随风而行，遇石则弯，集涓为流，轰然成势，它是善于妥协的力量，但任何妥协都必须依照它浩荡前行的规律，它是建设和破坏的集大成者，当一切旧秩序被溃然推倒的时候，新的天地却也呈现出混乱无度的面貌。”

改革开放40年百部企业案例图书

蓝狮子精选书单

40 年不倒之谜——鲁冠球：草根英雄缔造跨国商业帝国

相关企业：万向集团　作者：彭征　出版社：中华工商联合出版社 2011 年版

他，从一个赤脚下田的穷庄稼汉，到荣登富豪榜的富翁；从一间不足十平方米的小铁匠铺，到拥有 100 多亿资产的跨国公司；从只念过七年书的小学生，到成为一个植根乡土的“农民理论家”；他被美誉为中国企业的常青树，成为第一个上市的乡镇企业，开创了民营企业海外上市的先河，成为通用、福特汽车的合作伙伴……本书以翔实的资料、小说式的生动描述首次再现了被誉为中国乡镇企业领袖式的人物——万向集团创始人、董事局主席鲁冠球的成长故事与传奇经历，从中我们便能管窥他 40 年不倒的基业长青秘诀。

希望永行

相关企业：新希望集团　作者：郑作时　出版社：中信出版社　2009 年版

他不说梦想，但却走得最远：他为自己的生存而起步，但却成就了很多人的梦想；他心如止水，但却赢得所有相识者的尊敬；他管理着 240 亿元白手起家的私人财富，却始终认为财富属于社会。他是谁？他是怎样的人？他的财富来自何处？他如何创业又如何守业？本书作者经过 8 年时间的观察，为你找到刘永行出手必赢背后的规律。

刘永好：领先半步

相关企业：新希望集团　作者：刘祯　徐梅鑫　王家宝

出版社：新世界出版社　2016 年版

作为中国最大的农业企业，新希望集团在其三十多年的历史中，持续在行业内保持领先。它的创立者刘永好，草根出身，扎根农业，与新希望一同成长壮大，通过他我们可以看到中国情境下企业家的核心理念和卓越作为。本书通过对刘永好及诸多新希望人进行访谈，以此来进一步认识、了解刘永好。在此基础上，根据大量的内外部资料，对刘永好的管理实践进行系统观察和分析，对他的管理思想做了全面的归纳。其中，刘永好的“快半步”哲学，是其决策思维的精妙总结，也是企业应该保持的行进节奏。

美的传奇：从 5000 元到 1000 亿的家电帝国

相关企业：美的集团　作者：谭开强　出版社：新世界出版社　2009 年版

1968 年，何享健带领 23 位居民集资 5000 元创办北滘公社塑料生产组，在计划经济的夹缝中顽强生存；1992 年，他毅然推动美的进行股份制改造，并于 1993 年在深交所上市，成为中国第一家由乡镇企业发展成为的上市公司；1997 年，美的实行事业部制改造，他推动美的迅速成长为中国家电巨头企业；2001 年，美的成功实施管理层回购（MBO），为进一步完善现代企业制度奠定了坚实的基础；2008 年，何享健表示：美的计划在 2010 年实现 1200 亿元的销售目标，将跻身世界 500 强企业之列。何享健究竟是哪路神仙，能将 5000 元的街办企业做到 1000 亿？美的究竟是何方神圣，如何通过“不变的就是变”的变革之路成为傲视群雄的家电帝国？四十春秋着华章，静水流深渊源长。何享健的经商之道、美的的传奇之谜，将在《美的传奇—从 5000 元到 1000 亿的家电帝国》中为您呈现。

生活可以更美的：何享健的美的人生

相关企业：美的集团　作者：陈润　出版社：华文出版社　2010 年版

何享健曾经以伟大的梦想照亮现实的困境，如今又以现实的灿烂鼓舞圆满的希望。务实者高深，低调者远见。在何享健书写的教科书里，我们看到的是平凡，感受到是伟大。正是这种无以言表的力量，使得本书呈现出一种强大的信念。

透过何享健的创业史与美的的发展史，可以看到一个群体、一个国家在成就与苦难、激情与悲壮交替上演的改革开放历程中开拓进取、继往开来，这是关于一个时代的变革史。

所以，我们试图让读者和企业家像何享健那样冷峻、深沉，为了深爱的祖国和所处的最美好的时代。

鹰的重生：TCL 追梦三十年 1981—2011

相关企业：TCL 集团　作者：蓝狮子　出版社：中信出版社　2012 年版

30 年弹指一挥，作为中国最早的合资企业之一、中国最早的海外上市公司之一、中国最成功的彩电公司、中国最具生命力的手机品牌、中国企业国际化的领航者之一，除了这些光鲜的头衔之外，TCL 的历史中更值得关注的是其在成功背后经历过的那些危机和险象：一穷二白的情况下在仓库里起步创业；准备冲击三甲企业之时制造基地被人釜底抽薪；为了授权经营押上了董事长祖宅；创造性成为集团整体上市第一家；在经历国际化巨亏之后实现“鹰的重生”；上马 245 亿的 8.5 代液晶面板生产线成为中国第一家全产业链彩电巨头……

而在那些激荡的岁月里，怀抱产业报国之心的 TCL 的掌舵人李东生以其隐忍和进取的企业家精神，带领 TCL 度过一次又一次坎坷，最终成就了一家以“实业报国”为己任的中国公司。

长虹隐痛

相关企业：长虹集团　作者：徐明天　出版社：当代中国出版社　2005 年版

《长虹隐痛》作者是第一个捅破长虹高达 40 亿巨额应收账款的财经记者，他的这一“重大发现”，惹来了一场长虹索赔 3000 万元的官司，从而也开始了作者全方位跟踪研究长虹的历程。《长虹隐痛》以作者亲历的巨额应收账款案入手，以独特的视角，探讨长虹国际化误区；追本溯源，揭露长虹规模之路的奥秘和必然所在，以此来寻求长虹衰落的根本原因。

海信史

相关企业：海信集团　作者：迟宇宙　出版社：海南出版社　2003 年版

在这本“企业史”中，我们有机会来大量使用一个新的词汇：十年再造。这个词汇的诞生，与其说是作者研究的成果，不如说是一次偶然的发现。在作者为写作本书而进行大量世界家电业和制造业背景资料阅读时，发现了一个有趣的事实——

大部分超过 20 历史的制造商都有一个连续的“十年再造”过程。作者有一个偶然的机会，与中国企业家翘楚柳传志先生进行交流，他认为在企业内部的确存在这样一个“再造”过程，但他不确定是否以十年为一个周期。

二、国有企业：源远流长

一些重要的中央企业在这个时期（甚至更早）出于连接中国与世界的需要，被建立起来。它们在中国经济发展史上，占据着至关重要的地位。不过，从市面上的图书来看，研究国企案例的专著数量非常少——这或许与他们在整个经济活动中特殊的市场地位有关。

典型企业：

国有金融企业：中信集团、光大集团、中国银行、中国农业银行等

国有综合企业：招商局集团、华润集团等

国有专门企业：中化集团、中粮集团、中国远洋运输集团、中国盐业、宝钢集团等

以往华润集团（以下简称“华润”）现身公众视野，常常是因为“出镜率”较高的华润万家超市。人们或许不知道雪花啤酒、999 感冒灵、东阿阿胶都是华润的品牌。知名作家冯唐则曾经担任华润下属的华润医疗 CEO。然而，华润还有更鲜为人知的传奇创业史。

一种流传已久的说法是，如今资产数万亿的华润最初仅以两根金条起家，并有着极为特殊的红色血统。事情还要追溯到 20 世纪 30 年代，当时，陈云是中央特科负责人，出于为党建立秘密交通站，筹集和保护党的经费，暗中提供无线电、药品等战略物资的考虑，他在上海会见了一位名叫秦邦礼的年轻人，并交给他两根金条，指示其以此做资本，到香港以开店为掩护，突破国民党的重重封锁为边区提供物资，华润的前身“联和行”由此创立。

从新中国成立一直到 20 世纪 80 年代中期，华润一直是中国进出口贸易公司在港澳及东南亚的总代理，主要的职责即保证香港市场供应，协助内地制定对港及海外出口计划，扩大出口，衔接货源并建立销售网络，与世界各国加强贸易联系，进口内地所需商品，赚取外汇。而后来闻名全国的“三来一补”模式（来料加工、来样加工、来件装配和补偿贸易）也由华润首创，此举开启了香港制造业向内地转移的先河，并成为内地早期制造业萌发的经典形式。

随着改革开放的逐步推进，中国开始对外贸体制进行改革，华润迎来由代理贸易向自营贸易的重要转型，努力发展中长线投资项目，重点投资零售、房地产、电力、基础设施等领域，项目渐趋大型化和专业化。20 世纪 80 年代后期，华润开始接触资本市场。1992 年，华润集团注资上市公司永达利，更名华润创业，成为华润系第一家上市公司，开创了中资企业进军资本市场的先河。

如今，当维多利亚港渡轮的汽笛声鸣响在鳞次栉比的大楼间，在香港湾仔的香港会议展览中心背后，人们会看到一座并不起眼的建筑，港湾道 26 号华润大厦。它虽然远在香港，却从未缺席中国内地半个多世纪的历史变迁。

在改革开放的浪潮中，再次浮现身影，续写创富神话的还有一家上百年历史的老牌企业——招商局集团（以下简称“招商局”）。

招商局可谓中国民族工商业的先驱，早在 1872 年晚清洋务运动时期即宣告成立，当时名曰“轮船招商局”，它组建了中国近代第一支商船队，开辟了中国第一条近海商业航线和第一条远洋商业航线。可以说，招商局作为清末“官督商办”模式最重要的代表企业，可谓中国近代民族航运业和其他诸多产业的开创者。

改革开放让招商局重获新生，它于 1979 年开始独资开发在海内外产生广泛影响的中国第一个对外开放的工业区——蛇口工业区，此后又相继创办了中国第一家商业股份制银行——招商银行、中国第一家企业股份制保险公司——平安保险公司等。

现在招商局再度站在新起点上，成为国家“一带一路”倡议的重要参与者和推动者。目前，招商局在全球 20 多个国家和地区拥有超过 50 个港口，已初步形成较为完善的海外港口、物流、金融和园区网络，而且业务布局大都位于“一带一路”沿线国家和地区的重要点位，“前港—中区—后城”的成熟的蛇口模式开始在海外落地生根。

谈到招商局，就不得不提到一个重要的改革人物——袁庚。袁庚原名欧阳汝山，1917 年出生于广东省宝安县，是招商局集团原常务副董事长，招商局蛇口工业区及招商银行、平安保险等企业创始人。

文化学者余英时在《戊戌政变今读》中说：“20 世纪 80 年代出现了两股改革力量：一股是执行改革开放政策的党政干部，他们的处境和思路，很像清末自强派，是所谓‘体制内’的改革者；另一股则来自知识分子，特别是青年学生。”在这个意义上，袁庚属于前一类人。

1978 年 10 月，他赴香港主持工作，成为招商局历史上的“第 29 代掌门人”。11 月 1 日，他在香港富丽华酒店举行了盛大的招待会，已是超级富豪的李嘉诚和霍英东等人都出席了招待会。事后，有媒体如此评价这次招待会：“百年中资再度活跃。”只是，此时的香港也非彼时的香港，随着“内地有望成为香港资源和经济战略腹地”这一提法在 1979 年初的香港《明报》的评论专栏上第一次出现，“产业转移”开始成为这个时期最热门的词汇，这些都为招商局在深圳蛇口的试点埋下了伏笔，而这一伏笔，将在不久以后被揭晓。

随后，袁庚在宝安县狭长的蛇口半岛上，开启了历史性的探索，这就是后来被誉为“中国改革开放炸响第一声开山炮”的蛇口工业区。他以“大不了回秦城监狱去”的无畏精神，革除既往思想痼疾和冲破意识形态牢笼，几乎是在荆棘丛中杀出了一条血路，袁庚也因此被誉为“中国改革开放实际运作”第一人。

这一切无疑都离不开袁庚的开拓精神和改革创举，蛇口也因此拥有了无数个“第一”的光环：第一个进行民主选举，在全国率先实行人才公开招聘；第一个改革人事制度，冻结原有级别、工资等级，实行聘用制；第一个实行工程招标；第一个进行分配制度改革；第一个实现住房商品化；第一个建立社会保障体系；建设第一个企业自办的对外开放港……

今天的蛇口人口超过40万，人均GDP逾6万美元。海岸线上，高楼林立，绿地纵横。海湾内，有世界一流的集装箱码头、现代化国际邮轮母港以及游艇会的豪华游艇。谁能想到，39年前，这里还是一片荒滩，海面上时常漂过赴港偷渡者的尸体。袁庚曾带着一位顶头上司来看地形，“我跟他说，我们想在这里开辟一个工业区，刚一上岸，我连地图还没打开，他扭头就跑了。”

招商局第一代领导人唐廷枢有言：“天下事，谋远者，不计利；创始者，难为功。”这恰是袁庚当时的气魄。“蛇口工业区2.14平方公里，相对于全国960万平方公里不过九牛一毛，若改革成功对全国来说很有意义，但若是失败，也无伤大局。”他说，“我希望人们把蛇口看作一根试管，一根注入外来有益的经济因素，对传统式的经济体制进行改革的试管……蛇口弹丸之地，如果着眼于它每年创造了多少经济价值，那何足挂齿，如果把它看作一根试管，也许会引人关注。”

袁庚的豪言壮语，犹在昨日，正如吴晓波在《激荡三十年》中的评价，在20世纪80年代初期，最具改革精神的中国官员相信，只要充分放权和锐意改革，自己是完全有能力搞好国有企业和振兴一方经济的。

不过，国企的改革与发展并非朝夕之功，新领域的探索与实践也不仅仅取决于几个强势人物，许多制度性障碍还遗留在通往未来的漫漫路途中。在时间的延长线上驻足回望，我们会发现更多精彩的故事刚刚写到开篇。

改革开放40年百部企业案例图书
蓝狮子精选书单

再造招商局

相关企业：招商局　作者：王玉德　杨磊　出版社：中信出版社　2008 年版

它起源于清末的“洋务运动”，而在近代，它一直有着“香港第一红筹”之称；

之于135 周年的历史，在最近的 10 年中，它是怎样度过席卷亚太的金融危机，又是怎样完成“静悄悄的革命”的？“再造一个招商局”之后，“新的再造工程”又将往何处去？

红色华润

相关企业：华润集团　作者：吴学先　出版社：中华书局　2010 年版

《红色华润》忠实地记录了从联和行的设立到 1981 年华润公司改制为集团公司为止这四十五年的历史。通过此书，人们可以了解到，这家公司是如何承担起党和国家赋予的政治、军事、统战、外交、外贸等一系列重要使命的。在国家重大经济决策中，是如何担当重要角色的，在稳定香港民生、繁荣内地市场、为国创汇、拓展海外市场过程中，是如何发挥重要作用的。

中粮命运

相关企业：中粮集团　作者：韦三水　出版社：当代中国出版社　2006 年版

《中粮命运》这本书通过中粮这家老外贸企业的再造和转型历程，表达出一种有新意的观点，即未来国企正在进行一种“分化”：一种是以市场导向为主并从产权制度体系和企业管理体系两个层面上寻求突破，从而成为新的市场竞争主体的现代新国企；另一种是以公益导向为主以市场导向为辅，核心竞争力建立在相对垄断资源基础上的战略性国企。在本书著者看来，以市场为导向的产权制度突破和企业管理体系的规范，当是竞争性国企的路径选择。而随着改革进程的加快，战略性国企将出现进一步“分化”，其中的一部分将转变为竞争性国企。这就需要进一步的打破垄断和突破固有的产业格局。这种探索是有益的。

艰难的辉煌：中信 30 年之路

相关企业：中信集团　作者：王伟群　出版社：中信出版社　2010 年版

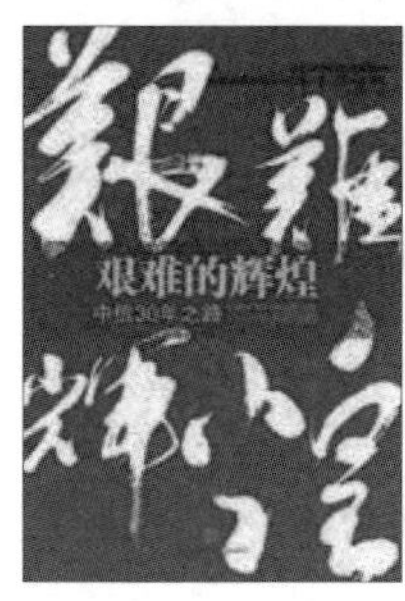

本书以客观的历史视角，翔实而生动地记录了中信 30 年走过的历程，讲述了它在封闭的社会条件下，如何打开一条海外合作之路的艰难故事，以及在进入新时期后，如何摆脱自身经营困境，从五位一体的红色企业转型为一家以金融、实业、服务为主的大型企业集团。

中信的 30 年，不仅饱含了一个企业的奋斗与辉煌史，更折射出中国改革开放 30 年波澜壮阔的历史画卷与时代潮流。

黎明与宝钢之路

相关企业：宝钢集团　作者：中国宝武钢铁集团有限公司

出版社：中信出版社　2017 年版

本书以中国改革开放为大背景，展示了黎明及其领导团队钢铁报国的使命担当，建设世界一流钢铁企业的理想信念，他们带领宝钢人在建设、经营和发展中走出了一条具有中国特色的发展道路。通过积极探索和改革创新实践，黎明及其领导团队摸索出一套具有宝钢特色的现代化企业管理体系，使宝钢成为中国现代化程度最高的大型钢铁联合企业。宝钢独特的发展道路具有巨大的示范效应，对中国工业相关产业和企业的发展步伐及发展路径都起到了广泛的辐射和带动作用，它的发展模式、科学发展观以及引进、学习和创新相结合的精神，对当前中国企业走新型工业化道路有着普遍意义。宝钢的成功印证了中国改革开放政策的正确性，印证了“历史将证明，建设宝钢是正确的”。

三、跨国企业：探索商业新大陆

在这一时期，另外一个非常显著的现象是，许多跨国企业捕捉到中国打开国门的信号，垂涎于这个无可匹敌的巨大市场，争先恐后地向中国输出产品、技术甚至是资本，并期望在这片苏醒的土地上获得巨额的回报。在《激荡三十年》中，吴晓波也为这些跨国企业分出了自己的笔墨，他说："我将用相当多的篇幅记录著名跨国公司在中国的成长轨迹，它们是一股根本不可能被绕过的势力，在某种程度上，自它们进入中国市场的那一天起，它们便已经是中国企业，在将近30年的时间里，这些外国公司在中国的起伏得失本身又是一部很有借鉴价值的教案。"不过，由于早期的对外政策仍处于游移不定的状态，外资营商环境整体也并不成熟，在改革开放初期，实质性进入中国的外资企业并不太多。

典型企业：

日资企业：松下、丰田等

欧美企业：壳牌、可口可乐等

新中国成立后，可口可乐一度被视为资本主义腐朽堕落和国际霸权的文化象征。茅盾就曾在《人民日报》发表《剥落“蒙面强盗”的面具》，把可口可乐视为美帝国主义“倾销”到全世界的“特产品”，“腐蚀被侵略民族的青年们的意志”。这种情绪一直延续到 20 世纪 80 年代，全美华人协会英文秘书王昌煦在《献给祖国的青年朋友们》一文中呼吁：“中国人民永远不要学美国人喝可口可乐，也不要采取美国人认为每个人一定要有一辆汽车的生活水平”，希望中国人不会“把享受物质的欲望发展得像美国人那么大”。由此可见，尽管可口可乐在政治上逐渐脱敏，人们依然在经济和文化上对“可口可乐中国”表示担忧。

可以想象，在改革开放初期，可口可乐进入中国市场的过程并不轻松。然而，中国庞大的潜在消费能力足以令其下决心冲破重重阻碍。可口可乐公司前总裁郭思达表示：“如果能使中国像澳大利亚一样，每人每年消费 217 瓶可口可乐，可口可乐每年在中国的消费量将达 100 亿标箱，我们相当于又有了一个同等规模的可口可乐公司。”

在《激荡三十年》一书中，我们找到了那段历史的剪影——可口可乐公司很早就把它的临时办事机构设在王府井街口的北京饭店里。当时在中国主管事务的是可口可乐亚太分部的一位叫亨达的美国中年人，接触过他的人都记得他有一头铁灰色的头发。1978 年 12 月 17 日，中美双方发表《中美建交联合公报》，宣布“中美双方商定，自 1979 年 1 月 1 日起，建立大使级外交关系”。第二天，亨达与中国粮油集团签署了一份合同，获准向中国出售第一批瓶装可口可乐。根据当时的协议，可口可乐公司获准以补偿贸易的方式及其他支付办法，向中国主要城市和游览区提供可口可乐制罐及罐装设备，在中国设立专厂装罐装瓶，并在中国市场销售。在罐装厂建立之前，从 1979 年起，由中粮公司采用寄售的方式先行销售可口可乐饮料。

不过，即便是如此大费周章的安排，也并未让所有问题迎刃而解。当中粮与上海有关部门联系，试图旧地重建工厂时，遭到了上海方面的强烈抵制。无奈之下，可口可乐将瓶装厂设在北京五里店。当时，所谓的工厂实际是一间由中粮公司下属北京分公司的烤鸭厂腾出来的车间，中方每年花 30 万美元购买浓缩汁，其他生产线由可口可乐公司免费赠送。在投入了近 100 万美元后，可口可乐在中国的第一个瓶装厂终于在 1981 年 4 月建成投产。

如今看来，可口可乐打开中国市场的策略确实可圈可点。它选择了我国在饮料、食品方面最有实力、最具优势的贸易合作伙伴——中粮公司作为独家代理，这无疑是一招妙棋，该公司不仅有资金，更重要的是有一定的销售渠道和良好的政府关系，在禁止可口可乐内销，只能以寄售方式销售给外宾、收取外汇券的情况下，为可口可乐快速打开市场缺口，奠定了基础。在同中粮公司合作建立可口可乐灌装厂的同时，为加快建厂进程，它又同我国最有投资实力的中国国际信托投资有限公司合作，与中信下属的中萃公司合作罐装生产可口可乐。

尽管一系列的合作中，可口可乐的姿态始终是审慎小心的，但是几乎所有人都知道，水闸一经打开，就再也关不上了。

相比之下，日本企业可谓“近水楼台先得月”。在 20 世纪 80

年代初，最早进入中国的就是以松下、索尼、东芝为代表的日本企业集团，东芝在中央电视台的广告语“TOSHIBA，TOSHIBA，新时代的东芝”让人至今难忘。

1978 年 10 月，邓小平应日本首相福田赳夫的邀请访问日本，参观了被誉为日本骄傲的 3 家工厂，它们分别是松下的大阪府茨木工厂、新日铁千叶县君津工厂以及日产汽车神奈川县座间工厂。在大阪，邓小平一行冒雨登门拜访松下幸之助，已 83 岁高龄的松下幸之助，作为松下电器公司最高顾问亲自到工厂门口迎接。邓小平在展厅参观了双画面电视机、高速传真机、汉字编排装置、录像机等产品，并挥毫题词：“中日友好前程似锦”。

在考察松下公司茨木电视机事业部时，邓小平对松下幸之助说的第一句话就是：“松下老先生，您在日本被称作经营之神，您能否为中国的现代化建设帮点忙?”松下当即允诺，愿为中国实现现代化提供协助。他说，世界繁荣的中心曾经由亚洲转到欧洲，近百年来又转到美洲，相信到 21 世纪，世界繁荣的中心将回到亚洲。日中两国要加强合作，为世界的繁荣、和平和幸福做出贡献。

邓小平对松下的此次考察，给松下幸之助留下深刻的印象，这促使老人开始思考松下公司的中国攻略。在第二年，松下幸之助飞赴中国，成为访问新中国的第一位国际级企业家，邓小平在接见他时又多次请教加强企业管理和电子工业发展方面的问题。他在交谈中表示，中国需要真正地引进一些先进技术，需要更多地向日本请教，中国的现代化只跟在别人后面走是不行的。

邓小平谦和的态度，让松下大为感动，随后，松下公司与中国政府签订了《技术协作第一号》协议，向上海灯泡厂提供黑白显像管成套设备，通过国际交流基金向北京大学、复旦大学赠送价值1.2亿日元的设备，并在北京开设了专门的事务所。

松下回国后还亲自做工作介绍中国的改革开放政策，他撰文说，“中国领导人对实现现代化的热情、谦虚而求实的态度、处理问题的灵活性令人感动。日本和中国同是亚洲国家，又是邻国。在2000年的历史长河中，日本受到中国文化影响，许多先进技术都是中国传授的，没有中国的帮助，就没有今天日本的发展。”

松下公司率先进入中国，起到了巨大的示范效应，其他日本公司纷至沓来。1979年，各种关于与日本公司合作、合资的新闻层出不穷：上海金星电视机厂从日立公司引进彩色电视机生产线，长虹从松下公司引进了黑白电视机生产线，天津市计算机中心从富士通引进第一台电子计算机富士通F160，三洋公司在北京设立“三洋电机贸易株式会社北京办事处”，索尼公司创始人之一盛田昭夫访问中国……在此后的十年间，日本企业成为中国电子市场的第一批外来拓荒者。

另一家日本知名企业——丰田汽车进入中国的方式则鲜为人知。比起松下，丰田进军中国的步伐要快得多。1937年抗日战争前后，随着日军的扩张，日本汽车进入中国，在此期间，丰田创办了华北汽车公司、华中汽车公司等多个服务点。

到了1964年，丰田开始在中国销售皇冠汽车。其时正值广交会期间，一名顾客一次性买了10辆皇冠汽车。他没有想到的是，此举竟成了丰田与新中国之间故事的开幕礼。

其后，随着中日关系出现缓和，1971 年丰田公司组团访问中国，次年两国恢复邦交后，中国也派遣汽车工业考察团访问日本，而承担该团访日接待工作的，正是丰田公司。时任丰田公司社长丰田英二向中国官员提议，希望能够在中国生产卡车，只可惜因为当时国内特殊的政治形势，中国领导人尚且无暇考虑引进外资的事情，最终此建议不了了之。

改革开放伊始，已有不少丰田车从港澳地区走私到了内地市场，从而慢慢积累起了丰田车的口碑。而在 1978 年，丰田在中国打出了“车到山前必有路，有路必有丰田车”的广告，这被认为是丰田历史上具有重要意义的一次营销思维革新。

虽然当时丰田已经在世界各国取得了不小的成绩，但其“只卖产品不卖技术”的封闭管理思想和不够地道的营销方式也被人诟病。而当这句脍炙人口的广告语横空出世，世人才意识到，这个随着日本经济而高速发展，与通用、福特等老牌巨头展开直接竞争的新兴巨头，正开始以更为本地化的方式拥抱具有巨大潜力的中国市场。

在该广告播出的同年，丰田与北京汽车工业公司展开了谈判，希望以 CKD① 方式生产“科罗纳”汽车。双方很快取得共识并签订了合资协议，但由于当时中国的外汇储备极其缺乏，所以这一项目最后没有获得政府的批准。

---

① CKD 是英文 Completely Knocked Down 的缩写，意思是“完全拆散”。换句话说，CKD 汽车就是进口或引进汽车时，汽车以完全拆散的状态进入，之后再把汽车的全部零部件组装成整车。

另一方面，政府希望基于在上海建立轿车生产基地的计划和丰田开展合作，不过这次遭到了丰田的婉拒，彼时，它正在和我国台湾地区洽谈30万辆汽车项目。结果，进入中国大陆市场的先机被丰田拱手让给了更愿意妥协于国产化的大众。

虽说整车项目泡汤了，但丰田公司一直等待着在中国市场上施展拳脚的机会。1980年丰田在北京设立了第一家丰田汽车维修服务中心（这也是外国公司在中国开设的首家售后中心），同年还成立了北京办事处。而在1981年，“丰田生产之父”大野耐一到第一汽车厂进行现场指导，并为其建设了两条示范生产线，这标志着丰田的“精益生产方式”第一次引入中国……

改革开放初期，中国对待外资企业的态度总是随着政治风向标而左右飘摇，政策游移不定，外资企业的营商环境也难言理想。但无论如何，当广袤而质朴的黄土地晨光乍现，红色的政治理想与重商主义的西方文明第一次握手，这个看来“拧巴”的组合在旷日持久的相互适应与融合之后，注定将发生绝不平凡的化学反应。

40年后的今天，中国已经从以开放为动力倒逼改革融入世界，发展成世界经济增长的最强大动力。世界500强的外资企业几乎没有不在中国投资的。在中国市场上，当年的“外企神话”似乎也被BATJ和华为的励志篇章所代替，有的外企甚至在撤资、关厂、转移，一些大名鼎鼎的跨国公司在本土企业的贴身肉搏之下，一时颓然。

但外资特别是跨国公司，对整个中国经济的市场化、法治化，中国营商环境的便利化、国际化，企业管理的现代化、标准化，作用巨大；外资对提升中国的技术水平、人才素质、制造能力、服务水准，促进政府规章制度以及行业标准和国际接轨，为广大消费者创造美好生活，助力环保、教育等社会公益方面都扮演着重要的角色。

改革开放40年百部企业案例图书
蓝狮子精选书单

经营沉思录

相关企业：松下集团　作者：[日] 松下幸之助　出版社：南海出版社 2009 年版

只上了 4 年小学的松下幸之助，带领 3 名员工白手起家，打造了全球最大的电器制造集团，奠定了日本商业的精神，被誉为“经营之神”。

本书是松下幸之助最重要的 4 部作品《商业心得帖》《经营心得帖》《员工心得帖》《人生心得帖》的合辑。松下幸之助亲笔记录点滴心得，从具体的经商活动、管理方法，一直谈到用人之法乃至人生之道，是值得每一位经营者细细品读的沉思录！

可口可乐传

相关企业：可口可乐公司　作者：[美] 马克·彭德格拉斯特
出版社：文汇出版社　2017 年版

可口可乐的发展历程堪称一部品牌发展史诗，这个年销逾 6000 亿件产品的商业帝国，正是过去 130 年商业品牌的典范。

它展示了在不同市场状况下，品牌保持稳固增长和高速发展的恢宏画卷：在金融危机和经济景气中同样稳固发展品牌；在战争时期和战后重建时代都能增强品牌知名度；在政府调控和用户需求降低时都能开发高占有率的新产品……与此同时，凭借无与伦比的品牌影响力，可口可乐公司也与无数历史事件、流行风潮和文化现象一起，成为商业和历史不可分割的一部分。

丰田领导者

相关企业：丰田汽车公司　作者：[日] 佐藤正明

出版社：清华大学出版社　2010 年版

《丰田领导者》出自日经新闻社资深记者佐藤正明之手，是其“潜伏”丰田汽车和日本汽车行业数十年来厚积薄发的登峰之作。该书不同于其他关于丰田生产系统和成本管理等方面的技术性图书。而是从丰田的历史、历代领导者、文化、战略等层面深入探讨和总结丰田的成功经验以及挫败的教训，并在《丰田领导者》的最后对丰田提出了一个极为尖锐的问题——持续经营。《丰田领导者》值得正在走向世界的中国各行各业（不只是制造业）的企业家和经理人研读。对于研究丰田、日本以及整个西方管理模式的学者也是不可多得的参考资料。

丰田 DNA

相关企业：丰田汽车公司　作者：[日] 日野三十四

出版社：机械工业出版社　2016 年版

由数万个零件所组合，数千人共同作业而制成的汽车，其数千人中如果有一人的技术不过关的话，制造出来的汽车质量将得不到保证。创造出众的生产方式和销售方式的丰田汽车，和拥有优势却无法发挥的日产汽车之间的差别就在于：能否实践“反省”的原则。“反省”不仅仅只是回顾过去，更重要的是指“后续追踪”。资金有剩余就转向设备投资。以后不是靠人来提高产品可靠性，而是靠机械效率。

1984
第二章
1991
工厂管理启蒙时期

从1984年起，城市体制改革拉开帷幕，经济改革的主战场从农村向城市转移，承包制被大规模引进——即所谓的“包字进城”，城市经济中的边缘青年、大型国营工厂的下岗人员、找不到工作的退役军人，以及不甘于平庸生活的基层官员，成为新的创业者族群。

1984年，可以被视为“中国企业元年”。在这一年，一批极富个性的城市创业者集体出现在历史的舞台上，其中名气最大的四个人，分别代表了四种不同的经营模式：

柳传志——北京，联想公司，“贸工技”模式的代表；

张瑞敏——山东，青岛海尔冰箱厂，“工贸技”模式的代表；

王石——广东，深圳万科公司，贸易及专业化经营的代表；

牟其中——四川，南德公司，中国最早的资本运营模式的代表。

这四位企业家的早期历史，都与全球化有关。无论是联想、万科的进出口贸易，海尔的德国生产线引进，还是南德的“罐头换飞机”，均展现出新的产业变革生态，是进口替代战略的获益者。其中，张瑞敏的实践最具时代的先进性，海尔的质量管理模式启蒙了一代实业者。

随着东南沿海优先发展战略的执行，企业创新的主流区域集中于沿海各省，由此出现了不同的地域性流派。

苏南模式：以乡镇及县市集体经济为特征，包括了江苏南部（苏州、无锡、常州）和浙江东北部（杭州、宁波、绍兴）

的主流企业发展路径。代表人物有：

周耀庭——江苏，无锡红豆，服装；

蒋锡培——江苏，无锡远东，电缆；

李如成——浙江，宁波雅戈尔，服装；

郑永刚——浙江，宁波杉杉，服装；

宗庆后——浙江，杭州娃哈哈，饮料。

温州模式：以私营经济为特征，代表了最早期的私人资本创业路径。与苏南模式相比，在整个 80 年代，温州模式一直饱受争议，也是最勇敢和野蛮成长的一支。代表人物有：

南存辉——浙江，温州柳市正泰，低压电器；

胡成中——浙江，温州柳市德力西，低压电器；

王振滔——浙江，温州永嘉奥康，皮鞋。

珠三角模式：这一模式介于苏南模式和温州模式之间，部分地呈现为混合所有制的特征，因地方政府的开明，这一流派的企业非常显赫和引人瞩目，其产业较集中于食品饮料市场，有“珠江水、广东粮，北伐全中国”的说法。代表人物有：

李经纬——广东，三水健力宝，饮料；

潘宁——广东，顺德科龙，电器；

何伯权——广东，中山乐百氏，饮料；

李东生——广东，惠州 TCL，电器。

除了上述三大地域性流派之外，这一时期还零星地出现了大学生及科技人员下海经商的现象，他们中的一些人创造性地改变了一个行业的中国式成长模式。代表人物有：

任正非——广东，深圳华为，通信设备；

段永平——广东，中山小霸王，学习机；

王文京——北京，用友，财务软件服务。

这一时期的企业发展有两个显著的特征：

其一，为了满足短缺的消费市场，从国外引进大量的生产线。质量管理和商品意识成为企业的核心竞争能力，日本式的管理思想得到极大的普及，几乎所有的成功者都是车间管理能手。

其二，民营企业的成功集中地发生在“吃穿用”——饮料食品、纺织服装和家用电器——三大领域。它们的出现，彻底改变了以重工业和军工产业为主的计划经济模型，推动了民生产业的快速扩张。

——《激荡十年：水大鱼大》

一、民营企业：1984 中国公司元年

吴晓波将 1984 年称为“中国公司元年”，堪比美国的 1886 年。1886 年，可口可乐、雅芳、柯达、西尔斯、花旗、强生等日后雄霸世界的著名企业如雨后春笋般出现；而中国的 1984 年则诞生了联想、海尔、万科、健力宝、科龙、南德等日后或成绩斐然或充满争议的著名企业。

1984 年之前的几年，政策经常出现摇摆和反复，1984 年元旦开始，伴随着邓小平南下，改革开放的风向被基本确定，珠江三角洲从山高皇帝远的蛮荒之地变成了风险与机遇并存的淘金之地，苏南浙北的乡镇企业（社队企业）、浙南的私营企业在这段时间得到了快速的生长，在北京则出现了高科技企业扎堆生长的中关村。

典型企业：

电子高科技类：联想、金山、北大方正、用友、金蝶、华为、中兴通讯、小霸王、长城计算机、京东方等

早期地产类：万科、万达、万通、华远、新疆广汇等

家用电器类：海尔、格力、科龙、创维、帅康、春兰、长虹、康佳、远大、小天鹅、正泰电器、德力西等

食品饮料类：娃哈哈、健力宝、乐百氏等

纺织服装类：李宁、安踏、雅戈尔、奥康、红豆等

1984 年深秋时节，中国北方已隐隐有些寒意。

一个月前，高级工程师王树和、柳传志、张祖祥等 11 人在中科院计算所的传达室成立了新技术发展公司。在兜售过电子表、旱冰鞋，批发过运动裤衩和电冰箱之后，他们让人骗走了 20 万启动资金中的 14 万元，而当时柳传志每月的工资只有 105 元。

公司何去何从，众人一筹莫展。一天深夜，王树和与柳传志在连通两家的路上，数度徘徊，两人绞尽脑汁，踌躇半宿，终于想出一条出路——开发销售倪光南的联想式汉卡。

次日清晨，王、柳兴冲冲地找到张祖祥，张也说想出了一个办法。柳传志建议大家都别说，模仿三国孔明、周瑜、鲁肃在手掌心对“火”字的办法，各自写一张纸条。结果三张纸条同时打开，写的都是“倪光南”！

倪光南何许人也？他当时已经是国内第一流的计算机专家，在中科院和电子界声誉甚高。柳传志一行三人立刻前去拜访，没承想聊得很投机，倪光南除了提出“不做官、不接待记者、不赴宴会”的条件外，一口答应出任公司总工程师。

倪光南的加入彻底改变了这家初创公司的面貌，他凭借在中科院计算所的十余年技术积累，主持开发了联想式汉卡（联想汉字系统），当年销量就超过了 300 万元，而且，该系统还获得了 1988 年的“国家科技进步一等奖”。可以说正是联想式汉卡创造的经济效益和社会效益，促使“联想”二字成了公司的新名称。

此外，倪光南运用在中科院计算所研制 8 位微机的经验，主持开发了联想系列微机，联想得以从 1989 年起在国际市场上推出微机主板和扩展卡，翌年又在国内推出联想系列微机，并于

1992 和 1993 年分别推出中国第一台 486 和 586，1992 年再度斩获“国家科技进步一等奖”。

后来，联想不断发展壮大并顺利步入中国高科技企业行列，柳传志甚至被誉为中国商业的教父级人物，然而倪光南却早已黯然离场。当然这是后话。

1984 年是一个骚动而热烈的年份，除联想以外，健力宝、万科、海尔、四通、科龙、正泰等企业均于该年创立。一大批日后引领中国商业潮流的公司，也在这一年崭露头角，人们遂把 1984 年称为“中国公司元年”。

现在的 80 后、90 后们或许还有记忆，当年有一款饮料风靡大街小巷，堪比可口可乐，它就是曾经的“东方魔水”——健力宝。如果说联想的发家有赖于倪光南非同凡响的科研实力，那么健力宝的商业奇迹则离不开创始人李经纬独出机杼的营销策略。

李经纬 1939 年生于广东省三水市，他少年贫苦，在孤儿院长大，给人擦过皮鞋，做过印刷工人，还在戏院为看客扇过扇子。没上过一天学的他，通过自我奋斗当上了三水县体委副主任，而后又被安排到县里的酒厂当厂长。

1983 年，李经纬到广州出差第一次喝到了易拉罐装的可口可乐，萌发了做碳酸饮料的想法。不过当时的市场，可口可乐和百事可乐是大巨头，国内还有北冰洋和高橙等上千家饮料厂，想要夹缝中求生存谈何容易。一个偶然的机会，李经纬在广东省乒乓球队担任教练的表弟向他提到，省体院正在研究一种能让运动员迅速恢复体力的电解质饮料。

回三水后，李经纬立刻与广东体育科学研究所展开合作，花了3个多月时间，经过130次试验合作研发出一种“能让运动员迅速恢复体力而普通人也能喝”的饮料。

1984年，健力宝横空出世。此后，李经纬开始了他的“花式表演”。

同年的洛杉矶奥运会是新中国成立后体育代表团首次参加奥运会，经过李经纬的争取，健力宝成为中国奥运代表团的首选饮料。那届奥运会上，许海峰、李宁一战封神，女排更是以勇不可当之势登顶，引发举国沸腾，“中国魔水”健力宝也因之名声大噪。

当时，中国和世界欠缺彼此了解，国人迫切需要奥运这样的盛事来彰显大国的地位和自信。赛事期间，中国女排击败了东道主美国队，外界对于这样的成绩存在颇多质疑。女排比赛期间，一位日本记者发现中国姑娘们在喝一种从未见过的饮料，于是随手写了一篇《靠“魔水”快速进击?》的花边新闻稿。

文章被中国记者看到后，将之改版写成了“中国魔水”迅速轰动洛杉矶，新的文章被广泛转载，一时间，健力宝的声誉传遍大江南北。“魔水”很符合国人需要的东方神秘气息，“中国魔水”则大大增强了健力宝的民族情结。伴随着奥运军团载誉而归，健力宝一飞冲天。

奥运军团出征前，健力宝的销量几乎为0，而那年8月至年末，健力宝则在数月内实现了345万元的销售额。第二年，这个数字蹿升至1650万元，再下一年是1.3亿，并在此后15年时间里一直位列“民族饮料第一品牌”。

更为人称道的是李经纬与李宁的故事。1988年，在汉城奥运会上李宁落败归国，当时在机场迎接他的只有李经纬一人。从此，“体操王子”李宁告别赛场，放弃从政，转而投身商海。

第二年，在李经纬的帮助下，李宁创办了以自己名字命名的服装品牌，一开始李宁公司尚是健力宝集团的子公司。4 年后，李宁在李经纬的强力支持下，完成产权改制，开启了独立发展之路。其实，说李经纬成就了李宁并不为过，他们同时也成就了中国企业史上的一段佳话。

谈到 1984 年，深圳特区自然无法缺席。在这一年，深圳的一位年轻的“倒爷”从倒卖玉米开始，展开了他波澜壮阔的创业历程，并在日后成为中国企业家中极为耀眼的一个。

1983 年，王石在深圳经济特区发展公司下属的贸易部饲料科当科长，主要业务是为现代化养殖农业提供饲料生产原料。某日，王石在蛇口街上闲逛时看到了泰国正大集团的玉米储藏仓，这些玉米产自美国、泰国和中国东北，经香港再转运到深圳。正大集团未能从中国东北直接采购玉米是因为当时的运输指标管制。王石一拍胸脯：“我解决运输工具，铁路、海运都没有问题，我拉来的玉米你们要吗?”

正如吴晓波在《激荡三十年》中这样描述，“他通过关系找到了广东省海运局，双方一拍即合，王石当起了玉米中间商。从 1983 年 4 月到 12 月，短短不到一年的时间，他赚了 300 多万。然后，他拿着这 300 多万的玉米款成立了主营进口专业视频器材的‘现代科教仪器展销中心’，而这便是日后中国最著名的房地产公司万科的前身。”

面对那个特殊的年代，吴晓波一度心生感怀：“在科学史、艺术史和商业史上，当一个流派或国家正处于鼎盛的上升期，便会在某一年份集束式地诞生一批伟大的人物或公司。这个现象很难用十分理性的逻辑来推导，它大概就是历史内在的戏剧性吧。”

1984 年，无疑是中国企业史上的“群星闪耀时”，诸多商业传奇恰好都在这一刻同步开启：史玉柱告别了安徽省统计局办公室的机关生活，前往深圳兜售自己编写的软件；军医大学教授赵新先，带着自己研制的“三九胃泰”跑到偏僻的深圳笔架山下创办了三九集团；段永平愤然离开分配单位北京电子管厂，坐着火车到珠江三角洲去了；华南理工大学毕业生李东生，在惠州一个破败的农机仓库开始生产录音磁带；李书福和几个兄弟刚刚成立了冰箱配件厂；而张瑞敏、潘宁等知名企业家都在这一年当上了国有工厂的厂长……

到了 1984 年中国的企业史突然蜕变，我们不妨重温茨威格的这段文字，“这种极富戏剧性乃至生死攸关的时刻。往往发生在某一天、某一小时，甚至常常只发生在某一分钟。虽然在个人的一生中和历史的进程里都是难得一见的。但它们的决定性影响却超越时间之上。此后。我将从不同的时代和领域回顾那些群星闪耀的某一刻——之所以这样称呼这些时刻，是因为它们宛若星辰一般永远散射着光辉，普照着暂时的历史黑夜。”

改革开放40年百部企业案例图书

蓝狮子精选书单

梦想金山：一个坚持梦想的创业故事

相关企业：金山　作者：许晓辉　刘峰　魏雪峰　出版社：中信出版社 2008 年版

从 1988 年求伯君研发 WPS、1996 年濒临倒闭到 2003 年之后进军网游、2004 国际化拓展、2007 年成功在香港主板上市，金山缔造了一个中国软件企业的传奇。在国际软件巨头和盗版的双重压力下，金山软件始终坚持不懈、充满激情从一路坎坷中顽强走来，被视为中国民族软件产业的领导者。在这个坚持梦想的创业故事中，你可以看到一家软件企业在 20 年里的挣扎、转折、挫败、崛起和成功的全部历程。

方正之道

相关企业：北大方正集团　作者：王伟群　出版社：中国经济出版社 2012 年版

从 1986 年以激光照排技术起家的校办企业，到今天的 IT、医疗医药、房地产、金融、大宗商品贸易五大产业布局的多元投资控股集团，经过 25 年的发展，方正集团已经占据了中国校办产业的半壁江山，成为中国企业多元化之路的典型代表。

本书以客观的历史视角，从“方正”二字的来历、方正集团的诞生说起，讲述王选教授带领团队走过的艰难创业时期，以及之后的产业多元化布局，真实再现了方正集团 25 年成长路上的重要事件和重大转折。

本土雄心：用友与中国的世界级

相关企业：用友　作者：尹小山　出版社：中信出版社　2010 年版

这是一家 20 年来在“无序”的商业环境中销售“秩序”的管理软件企业，它 20 年来成为中国最大的管理软件公司并迈向世界级企业的足迹，记录了中国商业一个时代的变迁，也见证了中国企业从“模仿与跟随”到“创新与超越”的不懈努力。

今天，中国企业可以清晰地看到自己前进的唯一路径——学会在一个“有序”的世界中，依靠创新来构建自己的竞争力，但是如何做到？

在用友的过去、现在和未来中，这家企业的世界级梦想与更多中国企业的本土雄心，将在这个问题上交汇，并找到答案。

华为研发

相关企业：华为公司　作者：张利华　出版社：机械工业出版社　2009 年版

本书通过回顾华为公司和中国通讯产业的发展历史，深刻地揭示了企业与人才、企业与政府、企业与对手这三组互动关系，并对人才应如何寻找适合自己发展的企业；企业应如何自主创新打造核心竞争力；政府应如何正确扶持企业成长，推动产业发展等问题，提出了很多值得反思和借鉴的建议。相信本书这些不同层面的分析视角，会帮助人才、企业和政府去重新审视彼此之间的相互关系，共同推动自身和经济的发展。

统治：技术商人与华为的核心竞争力

相关企业：华为公司　作者：豆世红　出版社：江苏人民出版社　2009 年版

在改革开放这 31 年里，中国的绝大多数企业可以说是在痛苦乃至煎熬中走过来的。与西方企业相比，本土制造业因为处于产业价值链的低端，在整体经济繁荣时它们分享到的无非是一小杯残羹冷炙，其回报还不到别人的 1/10，称其为血汗钱、辛苦钱毫不为过。作为中国最有思想力、影响力、领导力的 CEO 之一，任正非领导华为成功实施“走出去”战略，改变了世界电信业的格局，成为中国企业的榜样。

任正非说：“华为没有院士，只有‘院土’（商业工程师）。要想成为院士，就不要来华为。”他从创业之初就明白：只有卖出去的技术才有价值。卖不掉的等于废品！

正因如此。华为的成长壮大之路就是不断地进行技术市场化之路，不断地培养技术商人之路。在未来，能对科技知识进行商业化经营的企业和人才才是真正的统治者！

下一个倒下的会不会是华为：任正非的企业管理哲学与华为的兴衰逻辑

相关企业：华为公司　作者：吴春波　田涛　出版社：中信出版社 2012 年版

任正非是一个永远有危机意识的人，一部华为发展史，其实就是一部“危机管理史”，与此同时，还是一部“自我批判史”。华为的成功在于核心价值观的坚守与胜利，但核心价值观的维持，依靠的则是自我批判精神。危机与恐惧推动自我批判，也因此造就了伟大。

华为哲学：任正非的企业之道

相关企业：华为公司　作者：周留征　出版社：机械工业出版社　2013 年版

华为，一家成立不足 30 年的中国通信设备制造企业，如今却成为世界财富 500 强中最耀眼的传奇。从一家小作坊成长为世界 500 强，华为传奇背后的商业逻辑到底是什么？用任正非的话说，“是一种哲学思想，它根植于广大骨干的心中”。经营管理的最高境界是哲学，任正非带领华为前进的发展史正是一部哲学思想落实于企业经营管理实践的教科书。

以奋斗者为本：华为公司人力资源管理纲要

相关企业：华为公司　作者：黄卫伟　出版社：中信出版社　2014 年版

《以奋斗者为本：华为公司人力资源管理纲要》传承于《华为公司基本法》，由华为公司首席管理科学家主编，华为高管及顾问参与编著，是华为管理层 25 年人力资源管理思想的精髓，经 5 年时间整理，这是华为公司内训教材的首次大公开！作为华为公司内部培训教材，对国内外企业管理者和研究者具有高度的研究及借鉴价值。

中兴通讯：全面分散企业风险的中庸之道

相关企业：中兴通讯　作者：米周　尹生　出版社：当代中国出版社 2005 年版

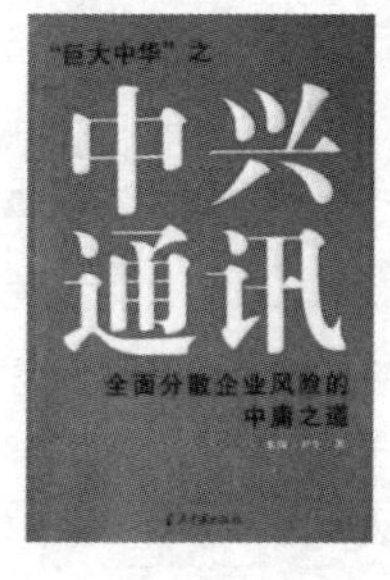

中兴，一家位于深圳的通信企业，在它的同城兄弟——华为的神秘光芒笼罩之下，除了通信圈和证券界，几乎没有人注意到它的存在。可是当你深入了解它时，却发现无论是在每一个产品线，还是在国内与国外的征战中，中兴都是华为的强劲对手。

在本书“中庸之疲乏”一卷中，您将阅读到本书的重点。中庸，是中国传统哲学揭示和运用客观规律的专业术语。它的精髓正如书中提到了“不偏之谓中，不易之谓庸”“叩其两端，允执其中”。“允执其中”，是历代帝王的治国之道，将其移植到企业管理中，亦足资治。

本书不仅仅向您推荐了一种典型的东方价值观，而且向您展示了这种价值观向企业的组织结构、研发领域、市场末端、文化氛围等各个细胞的渗透过程，及其相互作用的动态景象。在“穿越风险”“‘国有民营’秘闻”“接班人始末”“海外‘井喷’”等章节中，您可以尽情浏览。

逆流而上：中兴通讯在行业冬天中的崛起

相关企业：中兴通讯　作者：尹生　出版社：中信出版社　2010 年版

这是一家被很多人忽略的企业，它四平八稳，坚持透明度，而与此同时，它的对手华为却充斥着高调、传奇和狼性。在沉默的背后，它走的是大多数中国企业的典型发展路径。

这是一家温和又不失锋利的企业，在激烈的市场竞争中，它用自己的技术、效率和踏实的业绩赢得了同行的关注。尽管它仍然不那么知名，但它代表了改革开放以来中国大多数企业的形象。

这也是一家在与国内竞争对手斗智斗勇、与国际同行抢夺市场中日渐赢得自己地位的中国企业。在电信行业，或者在更广的范围内，它的标杆意义和竞争经验，可以为所有企业提供一种参考。

光变：一个企业及其工业史

相关企业：京东方集团　作者：路风　出版社：当代中国出版社　2016 年版

这是一本关于京东方的再创业史。记录了京东方在一个全球高技术工业中史诗般的崛起。通过讲述这个真实的故事——真实的团队在真实的世界里创造出来的真实业绩——解释中国经济发展的动力。

20 年来，京东方从一家岌岌可危的老牌国企发展成为领军中国工业的龙头企业，并在全球半导体显示工业中异军突起，历经国企改制的脱胎重生和技术替代与市场替代的严酷洗礼，数度破釜沉舟实现颠覆式创新和跨越式发展，爆发出令世人瞠目的创造力。京东方独立自主、创新自强，敢于走自己的路，是中国工业精神的最佳写照。

联想喘息

相关企业：联想集团　作者：吕彤　出版社：浙江人民出版社　2002 年版

联想在喘息?

2001 年，在整个 IT 寒冬的大背景下，联想没能续写自己不败的传奇，电脑业务历史上第一次没有完成预期指标，斥资数亿元打造的互联网豪华阵营顷刻间灰飞烟灭。联想攀上中国电脑业顶峰之后的第一次转型就这样失败了。

从联想电脑上路以来，从来还没有失败过，少帅杨元庆的词典里更是没有“失败”两字。

世界上没有常胜将军，世界上也没有不败的企业，每个企业在成长的不同阶段都会遇到这样或那样的问题，问题的关键在于应该如何在挫折中不断修正自己，超越自己。

联想今天面临的问题和遭遇的挫折，也可能正是一大批已经或正在面向市场化、国际化的中国企业，即将要面对的。相信在它们当中，联想是最有可能取得成功的一个。在新的世纪里，走在中国企业前列的联想，历史性地站在了转折关头，人们将拭目以待。

联想局：一家领袖企业的中国智慧

相关企业：联想集团　作者：迟宇宙　出版社：中国广播电视出版社 2005 年版

本书作者尝试用一种“作局”理论来描摹联想的成长史。

大多数中国企业，并不了解“局”的实质，有些对“局”一知半解的，又往往陷入“诡道”和“智巧”中不能自拔。并且中国企业之局，大多全神贯注于布局、对局和结局阶段，罕有企业真正关心局后和局外。真正关心局和局外的，是那些有资格成为领军人物的家伙，他们关心局后是为了企业“做一个长久性的公司，做百年老字号”；关心局外是为了企业的社会责任感。以经商作为一种志业的真正的企业家，在充满权力欲、不义与强力的错综复杂的经济生活中，必须具备三个条件：切事的热情、人与事保持一段距离的判断力以及超越虚荣心的责任感。

联想风云

相关企业：联想集团　作者：凌志军　出版社：人民日报出版社　2011 年版

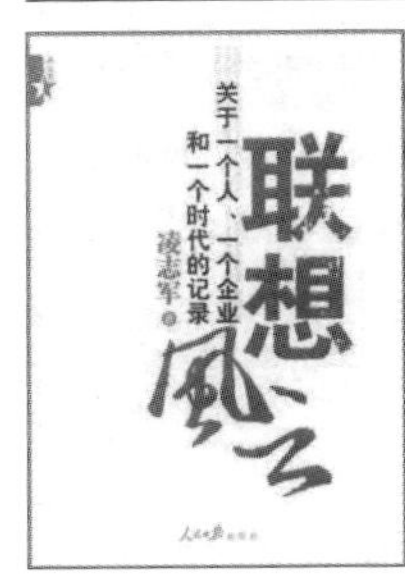

《追随智慧》《联想风云》《中国的新革命》这三本书，都是在 21 世纪第一个十年完成的。从很多方面看，中国用几十年经历了西方世界几百年的变化，但是从另外一些方面看，这个国家仍然顽固地保留着旧时代的特征。中国人第一次被日新月异的商业革命所激励，这又导致了他们对意识形态革命的普遍性厌恶和摈弃。新革命取代了旧革命，对于利益的追求成了人们行为的动机。这是一个伟大的进程，包含着一连串耀眼的成就，也包含着层出不尽的丑陋勾当。光明与黑暗交织在一起，新思想和旧思想此起彼伏，促使我的写作发生了一个改变，从关注这个国家的政治进程转而描述她的商业进程。

再联想：联想国际化十年

相关企业：联想集团　作者：张小平　出版社：机械工业出版社　2011 年版

从迷茫到担忧，从碰撞到融合，从饱受争议到强力迸发；从战略到创新，从业务模式到组建团队，从企业精神到企业文化——联想用中国智慧、全球思维一一化解国际化过程中遭遇的政策、文化、市场、财务等风险。《再联想》全面披露了联想成为国际奥委会中国首家全球合作伙伴、收购 IBM 个人电脑业务、金融危机中迅速从巨额亏损到全面盈利、进军移动互联领域等焦点事件背后诸多的内幕与细节。移动互联时代，群雄逐鹿，联想如何布局？良将难寻，如何组建团队、培养梯队？文化碰撞，如何打造“非家族的家族企业”？业绩下滑，面临低谷，如何实现深 V 翻盘？人事更迭，如何传承，实现基业长青？

联想涅槃：中国企业全球化教科书

相关企业：联想集团　作者：李鸿谷　出版社：中信出版社　2015 年版

本书聚焦联想十年国际化历程，在波澜壮阔的行业演变史背景下，翔实记述了联想的得失进退：收购 IBM 个人电脑业务、摩托罗拉的故事，与惠普、戴尔、宏碁竞争的细节，移动互联网时代面临的挑战与转型，以及联想涅槃背后，隐而不彰的核心基因。

道路与梦想：我与万科 20 年

相关企业：万科集团　作者：王石　缪川　出版社：中信出版社　2006 年版

王石，中国企业家群体中阳光式的领袖人物。他为人们所熟知，除了因万科的品牌及地产项目外，还因他的鲜明个性和登山经历。这位万科的创始人，同万科的职业经理人团队共同引领万科，用 20 年的时间创造了一系列奇迹。

今日，万科已经成长为中国大陆最大的房地产上市公司，且是中国大陆首批公开上市的企业中唯一一家连续 14 年保持盈利增长的企业。这些辉煌的业绩，与王石以及万科一直以来所坚持的对人永远尊重、追求公平回报和牢记社会责任的价值观，及“简单、透明、规范与均好”的企业理念密不可分。

书中，王石不仅以坦率而诚挚的方式讲述了他的人生风雨历程，回顾了万科二十年的成长故事，更描绘了他对万科未来的憧憬。

这里，是一位中国企业家中领袖人物的人生心路，也是一部企业成长的真实记录。

大道当然：我与万科（2000—2013）

相关企业：万科集团　作者：王石　出版社：中信出版社　2014 年版

1999 年，王石卸任总经理，万科选择专业化、精细化，开始走向更为广阔的空间。但这也意味着更多的变局。万科能否继续乘风破浪，扬帆沧海？随着公司大规模快速增长，万科能否完成新阶段的变革，打造竞争优势，保持高速成长的同时，担当起时代的责任？退居幕后的王石，登山、游学，不断挑战自我极限，又如何让灵魂跟上脚步，让管理思想进一步发展并成熟，让个人爱好与公益事业互有融合和助益？

《大道当然》这部全新的作品，真实记录了王石以及万科近 13 年来面临的放下与坚持的选择，披露了风云背后王石和万科的思考、故事、情怀，堪称是个人传记和企业成长的完美融合之作。

万科逻辑：从 100 亿到 2000 亿的秘密

相关企业：万科集团　作者：黄秋丽　出版社：中国友谊出版公司 2014 年版

这是一个经典的企业发展案例，也是一个关于时代、机遇、选择与变革的故事。

房地产黄金 10 年，万科的规模从 100 亿上升到 2000 亿，增长 20 倍。它是如何做到的？

100 亿遭遇瓶颈，500 亿遇到了“史上最大危机”，1000 亿之后面临着更多未知的挑战。万科是怎样自我革命的？

创业 30 年，万科始终保持着 25% 的高增长，这在世界商业史上也属罕见。万科成功的逻辑到底是什么？

面对这个颠覆式创新的年代，它的辉煌能否延续？其前途又在何方？

万达哲学：王健林首次自述经营哲学

相关企业：万达　作者：王健林　出版社：中信出版社　2015 年版

有人说王健林是这个时代出色的商业机遇猎手，发现了最厚的雪——利润丰厚的地产行业，最长的坡——城市化进程、消费勃兴的几次重大机会。

王健林对于企业经营的真经，对于人性的洞悉，对于商业趋势的敏锐，都可以在《万达哲学》一书中找到第一手的轨迹。

文如其人。这些文字都是他亲自动笔，全部用手稿写就，力求准确和简洁，无一个字多余。他的文章像建筑图纸一样结构紧密，条理清晰，能从中体会到一种“气”，能直接地感受到他知行合一、言行一致的行事风格。

冯仑：我的风马牛哲学

相关企业：万通地产　作者：庄日新　出版社：浙江工商大学出版社
2015 年版

《冯仑：我的风马牛哲学》是一本经济管理书，同时也是一本创业教辅书。本书从冯仑的创业经营实践出发，以万通为依托，向人们讲述了他在风云变幻的地产界缔造的传奇。书中针对许多关键问题，从企业文化、制度建设、领导者职能、品牌战略、投资之道、人际关系、政商关系、企业困境和社会责任等方面行了阐述和总结。与此同时，作者结合当前的经济热点和现实中的诸多问题，进行了更深层次的挖掘，将冯仑的思想阐释得深入浅出、淋漓尽致。

野心优雅：任志强回忆录

相关企业：华远集团　作者：任志强　出版社：江苏文艺出版社　2013 年版

本书是任志强目前唯一一本自传体回忆录，区别于以往媒体或者他人著作的片面解读，该书由任志强亲自执笔，几易其稿，回忆了任志强 60 年的成长历程。

任志强的故事充满励志色彩，又极富传奇。从贩卖兔皮的小商贩起家，蒙冤入狱，最后又在大时代的背景下创立华远地产。几度沉浮传递出自强奋斗的正能量。此外，任志强也是改革开放 30 年的观察者，其成长交织着历史变迁，书中也描绘了“文革”“上山下乡”以及改革开放后中国市场经济的发展轨迹。

海尔转型：人人都是 CEO

相关企业：海尔集团　作者：曹仰峰　出版社：中信出版社　2014 年版

互联网时代，企业经营环境瞬息万变，同时顾客需求呈现出“多元化”“个性化”和“碎片化”的特征。如何快速创新商业模式成为企业面临的主要挑战。

在这种大背景下，海尔以变化拥抱变化，于 2005 年启动了“人单合一”管理模式改革，经过 9 年时间，改革已经被证明有效。通过“人单合一”管理模式，海尔最大化地释放了每名员工的工作活力，企业则转化为员工“自我创业”的平台，打造“平台型组织”，并致力于构建“全球商业生态系统”，与顾客变交易关系为交互关系，开放式创新，共同谋求发展与进步，互惠互利，实地践行“无边界企业”原则。

本书作者跟踪调研海尔 16 年，从管理、薪酬体系、财务系统改革、组织结构、企业文化等 9 个方面对海尔的“人单合一”管理模式进行了细致且深入的介绍。

海尔再造：互联网时代的自我颠覆

相关企业：海尔集团　作者：［美］比尔·费舍尔（Bill Fischer）　翁贝托·拉戈（Umberto Lago）　刘方（Fang Liu）　出版社：中信出版社　2014 年版

海尔管理模式是否在全球范围内具有普遍有效性？中国企业海尔是否率先找到了应对未来世界变局的金钥匙？此书受到西方管理学界的热捧，并入围被誉为“管理思想界奥斯卡”的“Thinkers50”单项奖最佳图书奖。

本书全面分析了 1984 年张瑞敏任职海尔以来，白色家电行业的全球竞争格局，从企业文化建设、组织结构、战略定位等方面，研究海尔 30 年中 3 次持续性变革的历史流变，并基于西方管理学相关理论以及作者进驻海尔获得的一手资料，具体分析了海尔模式中“自主经营体”“人才解放”“激励机制”“委托代理关系”等创新性模式，并分析海尔能够完成持续性变革的机制。作者旨在探究当互联网时代来临且传统管理理论、管理实践已经过时之际，海尔的企业变革实践是否是未来全球企业皆可借鉴的模板？即海尔模式能否被复制？

张瑞敏思考实录

相关企业：海尔集团　作者：胡泳　郝亚洲　出版社：机械工业出版社 2014 年版

《张瑞敏思考实录》记录了海尔集团首席执行官张瑞敏在互联网时代对公司战略、管理创新、企业哲学、领导力等各个方面细致、深入的思考。书中大部分内容属于首次披露，本书也是目前为止唯一一本全面展现张瑞敏十余年来心路历程和管理思想演变的著作。

海尔从何时首次意识到传统产业即将面临新经济的颠覆？海尔 30 年来的战略得失是什么？海尔的学习标杆是哪些企业？海尔致力于打造的商业模式究竟是什么？张瑞敏为什么说已经无路可退？海尔的未来到底在哪里……这些疑问都将在本书中找到答案。

海尔创新史话（1984—2014）

相关企业：海尔集团　作者：胡泳　郝亚洲　出版社：机械工业出版社 2015 年版

海尔集团创业至今整整 30 年。这 30 年既是中国市场经济的 30 年，也是“管理”走入中国的 30 年。海尔今天能够屹立全球知名品牌之列，得益于其“只有时代的企业，没有成功的企业”的理念。以海尔为代表的“持续变革，不断创新”的精神不仅属于海尔，还属于所有快速成长、追求卓越的中国企业。

本书以“创新”为题，以海尔7 年为一个单位的战略阶段为区间，用图文并茂的方式，展现了在信息时代的发展脉络之中，伴随着中国经济的巨变，一个破旧的青岛集体所有制小厂如何踩着时代的节拍顽强成长的历程。

创新，永远是这个时代以及海尔的主题词。

海尔是海：张瑞敏随笔选录

相关企业：海尔集团　作者：张瑞敏　出版社：机械工业出版社　2015 年版

《海尔是海：张瑞敏随笔选录》是作者在海尔各个发展阶段亲撰文字的荟萃：既有洞若观火的审时度势，又有信手拈来的以小见大；既有如履薄冰的战战兢兢，又有舍我其谁的当仁不让；既勇立潮头上下求索，又以史为鉴知勃亡忽焉……可见得作者管理思想的精一脉络，更可见知行合一之妙不可言。

格力真相：中国“营销女皇”董明珠背后的秘密

相关企业：格力电器　作者：廖小东　出版社：重庆出版社　2010 年版

格力自 1991 年成立，经过近二十年的迅猛发展，已从一个当初年产不到 2 万台的毫不知名的空调小厂，一跃成为当今拥有多个生产基地、全球最大的空调专业生产企业。同时，格力电器在技术、营销、服务和管理等创新领域的表现令人羡慕又嫉妒。

在外界看来，董明珠和格力电器应该是密不可分的，甚至董明珠本人就代表了格力电器的全部。而她和她的企业也成就了传奇：她从普通业务员做到公司总裁；她一手打造的区域销售公司模式和管理模式都成为业界的标杆。

2006 年 3 月，董明珠荣获“2005 年度中国女性创业经济大奖”；2007 年 1 月 20 日，当选 2006“CCTV 中国经济年度人物大奖”。截至当前，董明珠已连续五次荣登美国《财富》杂志“全球 50 名最具影响力的商界女强人榜”。用一句业界的话说：格力电器和董明珠深情演绎了一个中国企业肩负的历史使命和社会责任，令人动容。

格力为什么能成全球第一

相关企业：格力电器 作者：周锡冰 出版社：浙江大学出版社 2016 年版

20 多年来，格力电器从一个小工厂发展成为甩开竞争对手 400 亿元的巨型公司——2014 年格力实现营业总收入 1400.05 亿元，同比增长 16.63%；归属于上市公司股东的净利润为 141.14 亿元，同比增长 29.84%，达到历史最高水平。格力电器连续 12 年上榜美国《财富》杂志“中国上市公司 100 强”。到底是什么力量成就了董明珠？到底是什么因素造就了格力电器呢？作者动态跟踪研究格力电器 10 余年，揭开层层迷雾，终于找到了格力电器高速发展的生存密码和发展基因——董明珠的格力革命。

红黑科龙

相关企业：科龙 作者：何志毛 出版社：浙江人民出版社 2003 年版

曾经是中国最具成长性的家电公司，曾经是最被投资商看好的本土企业。从捶打出第一台冰箱到“全国销量第一”，它用了七年；从创利 6 亿元到亏损 15.6 亿元，它用了两年。四任企业家前仆后继、荣辱难辩，一家理想主义色彩浓烈的企业在曲折中成长，在悲壮中涅槃……

这是一位青年经理人的“呕心沥血之作”，这是一部关于中国企业成长的当代《离骚》。

科龙变局

相关企业：科龙　作者：李国华　出版社：当代中国出版社　2006 年版

从 2001 年起，一个名不见经传的公司——格林柯尔突然演绎了一场“蛇吞象”的收购——入主科龙电器集团；随后，又陆续发生了 2003 年以来的超常规扩张——格林柯尔先后收购了美菱、亚星、襄轴等上市公司，开始打造世界级冰箱帝国的白色梦想；2003 年格林柯尔的顾雏军入选“央视年度中国经济人物”；2004 年爆发“郎顾之争”；2005 年，科龙帝国轰然倒地，顾雏军被拘押。本书以大量翔实的第一手资料，讲述了这一从天堂到地狱的商业传奇。

科龙的故事，为中国的国有企业改革，留下了极其丰富的经验和难忘的教训！

创维为什么

相关企业：创维集团　作者：高辉　出版社：华文出版社　2012 年版

创始人入狱获刑六年，是无妄之灾还是咎由自取？企业生死攸关之际却逢干将能臣叛离，是遥控指挥还是大权旁落拱手让贤？十年七劫，创维何以凤凰涅槃越做越大？重生后的老板黄宏生钦定创维的“十二五”：5 年 500 亿，10 年 1000 亿！这是雄心还是痴狂？创维内部高层独家揭秘创维，深度解读中国民营企业的活法。

非常营销

相关企业：娃哈哈集团　作者：吴晓波　胡宏伟　出版社：浙江人民出版社 2002 年版

如果现在，你同时派人去东北的长白山天池，西北的阿尔泰山麓，东南的海南岛丛林，西南的青藏高原，你随便走进一间小杂货店，然后把所有的商品目录都抄下来，你会发现，重复出现的品牌不会超过三种。

在过去的 20 年里，让每个中国人都掏钱买过的品牌不会超过三种。

恰巧娃哈哈就可能是其中的一个。

我们很少看到稳健而平实的成功，我们很少发现浅显的、直截了当的理念。关于中国营销，我们实在需要一个可以用时间来证明的教案。而你即将阅读的正是这样一个罕见的、关于幸存者的案例。

宗庆后与娃哈哈：一个中国著名企业的深度研究

相关企业：娃哈哈集团　作者：罗建幸　出版社：机械工业出版社 2008 年版

这本书深度挖掘了企业的真实运作密码，即研究娃哈哈成功的个性部分，如独到的“宗式兵法”；同时，也重点研究了娃哈哈成功的普遍意义，即共性部分，并且用适当的战略、管理、营销理论加以解释，并辅以延伸阅读，不仅希望读者能从娃哈哈的战略、营销、管理案例中有所借鉴，更希望读者能举一反三、触类旁通，给自己以启示。

出轨：娃哈哈与达能的“中国式离婚”

相关企业：娃哈哈集团　作者：刘华　左志坚　出版社：中信出版社 2008 年版

在娃哈哈的 20 年企业史上，宗庆后与国资股东、政府主管部门、内部员工、经销商、达能（战略合作伙伴）、乐百氏（同业竞争对手）、各项目所在地地方政府等展开了激烈的博弈，游走于规则与潜规则之间的强人企业家宗庆后，在和法国达能集团的合资企业经营之下，悄悄地布局了大量的“体外循环”企业，而这些企业的产权之争，最终导致了双方的摩擦升级，最终爆发了 2007 年度最受关注、最受争议的“娃哈哈·达能”争夺产权事件，本书以此事件的发展脉络为线索，紧紧围绕这一事件，从事件的肇始、发端、铺展、截至目前的最新动态等，全面地描写了事件的整个过程，以及背后鲜为人知的内幕。

宗庆后：万有引力原理

相关企业：娃哈哈集团　作者：迟宇宙　出版社：红旗出版社　2015 年版

宗庆后可能是全中国购买地图最多的人，他的书架上密密麻麻摆放着各种地图，从省、市、自治区、直辖市到高速公路、城乡公路网，地图上通常都做满了标记。这些标记是宗庆后实地考察过的市场，足迹遍布中国城乡各个角落。

28 年来，每天工作 16 个小时，一年有 200 多天奔走在市场一线，宗庆后用脚板来了解市场、接人气，接地气，一手打造出价值上千亿的娃哈哈商业帝国，几度问鼎中国首富。当我们坐在办公室谈论中国首富时，首富本人或许正行走在广阔大地上，例行公事般地和乡间小卖部的老板聊天。

著名作家迟宇宙，在采访宗庆后及其家人、朋友等 120 人的基础上，全面还原出宗庆后 70 年来的人生经历、商业思想。如何通过“开明的专制”经营企业，如何用“家文化”凝聚上万员工，如何靠神奇的“联销体”网络，让偏远的西藏那曲，地上除了牛粪就是娃哈哈的瓶子。此外，本书还首次曝光数万字的“达娃之争”真实内幕。

健力宝沉浮

相关企业：健力宝集团　作者：丁秀洪　林佑刚　出版社：企业管理出版社 2005 年版

20 年来健力宝在经营战略、市场营销、组织管理、企业文化等诸多方面都存在着先天和后天缺陷。按照作者的观点，正是由于这些缺陷的存在长期没有得到根除，使得健力宝陷入今天的乱局。

战略的迷失让健力宝走入多元化的陷阱。但话说回来，虽然多元化分散了健力宝太多的资源，但假如饮料业务能够经营好，能够不断为多元化的发展提供现金流支持的话，健力宝不会出现后来的结局。很可惜，健力宝衰弱的原因正是因为没有把饮料经营好，没有经营好的根本原因又在于其管理的缺陷。

成功要靠管理。健力宝历经20 年，作为中国企业发展的一个典型，走到今天如此地步，除了战略的迷失，同样是败在管理上。健力宝缺乏适应饮料行业激烈竞争的系统执行力。健力宝，只能用“悲怆”两个字来形容它的管理，健力宝的后 5 年所演奏的其实就是一支管理悲怆曲。

李宁：冠军的心

相关企业：李宁　作者：虞立琪　出版社：中信出版社　2008 年版

他经历过抛弃与失望，也许还有信念的坍塌。但他矢志不渝，踏踏实实工作，相信他人，更加坚信自己的理想。

他有勇气面对挫折，调整自己，迎接挑战，有永不言败的精神去达成所愿。

他曾被社会责骂，可是他坚持自我，并改变周围环境，20 年后，社会再次把他视为英雄。

哪怕冠军的奖杯一段时间不在手中，哪怕远离赛场，但是，冠军的灵魂和信念仍在心中飘荡。

这就是冠军的心。

安踏：永不止步

相关企业：安踏　作者：王新磊　出版社：浙江人民出版社　2010 年版

本书将安踏的成长史置于中国鞋业的整体环境下进行了一次梳理和总结，从中能体会安踏经营者在做决策前的形势压力和做决策时的现实选择。比如，安踏为什么要拿出 80 万元请孔令辉做代言人？安踏是如何成为晋江鞋业领跑者的？安踏是如何超越李宁的？安踏提出的“草根”文化是否会影响其国际化进程？

在揭秘和还原安踏“草根成长路径”中，本书也同时关注了与它同城的一些企业，比如特步、匹克、鸿星尔克的重大发展事件。

这本书，它不只是一个人和一个企业的历史，也是一个地区和一个行业的时代史。

雅戈尔：非凡崛起

相关企业：雅戈尔集团　作者：苏益波　出版社：浙江人民出版社　2010 年版

从无家可归的知青，成长为麾下 5 万余人的企业掌门人，从资产仅 2 万元的地下作坊，成长为总资产 300 亿元的跨国集团，这其中有什么样的财富密码？

本书探讨了雅戈尔是如何在服装丛林中非凡崛起的，讲述了李如成如何从无家可归的知青成为一家纵横国内外的企业掌门人。

二、国有企业：共和国长子沉浮

在这一时期里，一些具有国有资本背景的大型企业继续崛起，并发展成为以垄断性行业为主营业务的企业集团。

典型企业：

金融行业：工商银行、平安保险、太平洋保险、招商银行等

交通及能源行业：华能集团、中国国航、东方航空等

---

20 世纪 80 年代的蛇口，正立于改革开放的潮头浪尖，吸引着大批外资企业入驻，按照当时的法规，外商必须在中国购买保险，而中国只有一家保险公司——中国人民保险公司，别无他选，如此投资环境亟待改善。

1986 年，马明哲（现任平安集团董事长）向时任招商局集团副董事长、蛇口工业区创办人袁庚建议，由招商局牵头组建一家新的股份制保险公司。他给袁庚的理由有两个，一是“百年招商，重启旧业”；二是“引入竞争，改善环境”。

袁庚听完，立即表态支持。次年 9 月，已是蛇口社会保险公司副经理的马明哲受命全面负责筹备平安保险公司，马明哲当时年仅 32 岁，风华正茂，作为招商局的股东代表出任平安保险董事总经理，后被任命为副董事长。

1988 年 3 月，中国人民银行批准成立平安保险，同年 5 月平安保险在深圳蛇口正式开业，成为中国第一家股份制地方性保险公司。彼时，任正非刚创立华为，郭台铭在深圳创立富士康，而马明哲则作为主要创办人开始执掌平安保险。平安保险的成立打破了中国保险市场独家垄断的局面，股份制保险公司以其独特的活力和创造力给市场带来了不小的震撼。

此后，金融业老牌企业交通银行也于 1991 年 4 月组建中国太平洋保险公司，成为中国第二家全国性的保险机构。从此，中国人民保险公司、平安保险和太平洋保险三足鼎立的局面开始形成。

时过境迁，如今的平安集团已是一家年营收近万亿，总资产逾 6 万亿的全球市值第一的保险集团。伴随着平安集团的爆发式成长，马明哲亦被誉为中国现代保险业的领军人物。财经作家秦朔曾撰文感慨，马明哲是全世界极其罕见的可以从保守的传统金融走向现代科技前沿的企业领袖。

而更为人们津津乐道的是马明哲极富传奇色彩的职业生涯——从一个后勤行政人员到中国顶级综合金融集团的一把手，这一角色转变发生在1983年的那个夏天。

当时，马明哲被调动到深圳市蛇口工业区工作，就职于该地的劳动人事处，兼任蛇口工业区劳动人事处车队队长。不久，由于精明能干，马明哲赢得了袁庚的赏识和信任。在袁庚身边工作两年之后，他被安排到蛇口工业区社会保险公司工作。因此才有了后来向袁庚提议组建新型股份制保险公司，并全权担任负责人的机缘。

幸运的不只是马明哲，在国有资本纷纷投入改革开放浪潮的产业风口上，华能集团的王传剑也被赋予重要使命。

今天的华能集团位列国内五大发电集团之一，然而，人们甚少了解华能集团成立之前，还有多个华能系公司成立，其渊源可追溯到20世纪80年代初中央政府推行的以煤代油政策。

那个时候，王传剑是国家计委委员，分管节能局。1981年初的一天，国家计委副主任李人俊找到了他，让他就以煤代油改造国内大量存在的燃油电厂、窑炉，并将用节省下来的石油出口换汇的构想给当时的国务院总理赵紫阳写一份报告。

报告很快得到了国务院的回应，据王传剑后来回忆，煤代油的工作随即取得了重大成效。原来成立煤代油办公室时，国务院确定了十年压缩烧油2000万吨的任务，但实际仅仅在“六五”

期间，累计压油就达 2360 万吨，利用国内外石油差价，积累资金 94 亿元。1983 年 10 月，赵紫阳在听取汇报时说：“这笔钱（煤代油）是从天上掉下来的。不改煤，大家心安理得地把油烧掉了，也没有这笔钱来发展能源交通。”1985 年 1 月，赵紫阳又在李人俊的一份报告上批示：油改煤“已成为加速我国电力建设，及与电厂配套的煤矿、铁路交通等建设的一个有力措施”。

华能集团的前身华能国际电力开发公司的成立终于有了历史契机。时任副总理的李鹏也做出指示，提出煤代油工作要从补偿型向开发型、管理型向经营型转变。

于是，在煤代油办公室的投资下，先后成立了 9 个统一以华能为名的公司。除了华能精煤公司、华能国际电力公司、华能发电公司外，还有涉及节能工程、钢材、水泥、木材以及后勤服务的多家配套公司。

背靠煤代油的充沛资本，华能系公司的市场化思维不断强化，围绕发电铺开的各条线业务都得到了长足进展。自煤代油办公室成立之后到 1988 年，7 年时间里，累计压油 4429 万吨，出口创汇 30 亿美元，积累资金近 160 亿元……不仅如此，1995 年从华能系独立出来的华能精煤，日后成为我国规模最大、现代化程度最高的煤炭企业和世界上最大的煤炭供应商——神华集团。

现在看来，在国家意志主导下，充分调配国内外资源，紧密贴合市场需求，通过短短二三十年的发展，成为中国乃至世界某个领域佼佼者的企业不乏其数。发展路径与之相仿的还有广州的越秀集团——广州市首个资产规模超千亿、第二个利润总额超百亿的市属国有企业。

1984 年，中英两国政府发表《中英联合声明》，鉴于中国政府恢复对香港行使主权的日程已敲定，大批外资企业纷纷撤离。为了维护香港的社会稳定和金融安全，并利用香港作为国际金融中心的地位服务于内地的改革开放，各地各级政府陆续在香港设立窗口公司。

1985 年，越秀企业有限公司作为广州市政府的窗口公司在香港成立，刚刚卸任广州市副市长的梁尚立被任命为首任董事长，足见其自成立之初就被赋予了非比寻常的地位。

为了给广州市引进资金和项目，越秀利用外商身份以合资合作的形式在广州市兴办企业，参与改造老旧企业，并投资建设重化工产业。1986 年，越秀通过让香港商人参股的方式涉足房地产投资，成为最早在香港经营房地产业务的中资企业。此后，又连续在香港、澳门、广州等地投资地产，打造自身的核心业务。与中国改革开放的步调同频共振，扮演着越来越重要的作用。

事实上，20 世纪 80 年代的经济图谱很大程度上已映射了今天中国经济的基本格局。尽管国有企业的运营效率和经营成果随着时代的变迁而屡经跌宕，但在以公有制为主体的中国，国企改革始终是改革开放最重要的主题之一，国有企业或国有资本始终占据着主导性的地位，并成为助推中国实现爆发式增长的最重要动力之一。2018 年《财富》发布的世界 500 强企业榜单中，中国上榜公司达到了 120 家，仅次于美国（126 家）。进入榜单的中国企业所在行业和所有制分布较过去并没有实质性变化，中国 80% 的入榜企业均为集中在提供资金、能源、原材料等生产要素的地方国企或央企。

企业是一国经济的微观基础，企业的组成结构也是一国宏观经济的写照。在中国经济增长模式从投资拉动向效率和创新驱动的转型过程中，国有企业始终是中坚力量。

改革开放40年百部企业案例图书

蓝狮子精选书单

平安保险传奇：中国平安成长路径解密

相关企业：平安保险　作者：赵守兵　出版社：海天出版社　2007 年版

当中国商业文明的复兴已然到来之时，商业时代的今天需要被借鉴和复制，也需要被未来记存，因此就需要有经典的细节和人物流传下来。就像我们讲到美国商业史，就会立即想到洛克菲勒、巴菲特等一些人或者一些事一样。从这个意义上说，《平安保险传奇》一书的问世就具有特别的意义了。同时，我也期望更多充满理想、创意和睿智的年轻人加入这个行列，去记载和传播伟大时代的商业故事。

大道平安

相关企业：平安保险　作者：王禾生　出版社：中信出版社　2008 年版

今天，平安集团起于保险，志在综合金融集团的理想，正在一步一步实现，而其跻身世界 500 强的速度和辉煌成就更是举世瞩目

平安缘起何方？是怎样的创业者，怎样的团队，怎样的管理和经营创新，才能在如此短的时间内打造一个世界级的金融企业？

或许，平安的未来仍有许多未知……但是，忠实记录一路走来的中国平安，更有助于我们深入思考变革中的中国金融业和置身其中的领袖企业……

平安心语

相关企业：平安保险　作者：马明哲　出版社：中信出版社　2010 年版

《平安心语》共分为四大篇章，分别讲述了“愿景·管理·经营理念，选人·育人·人才成长，法规·道德·企业文化，修为·品行·社会公民”的相关内容，以马明哲的演讲记录为主，同时以平实生动的语言阐述了企业经营中的领导方式、管理方法、经营理念和战略实施，是一本不可多得的企业文化建设和经营理念的读本。

招商银行成功之道

相关企业：招商银行　作者：“中国企业成功之道”招商银行案例研究组

出版社：机械工业出版社　2012 年版

本书结构分为侧重于信用风险管理阶段；全面风险管理探索阶段；产品与服务创新的历史进程；招商银行信息化建设历史的简要回顾；招商银行人力资源管理策略；招商银行成功的关键因素等六部分，系统地揭示了招商银行的成功之道。

青年招行说

相关企业：招商银行　作者：招微君　出版社：长江文艺出版社　2017 年版

本书是招商银行为纪念创行三十周年而创作的一本书，依据业务、管理、文化等维度进行分类，以招行三十周年发展历程中的重要节点与关键事件为主线，采访了 50 位这些事件的亲历者和当事人，通过对这些人的采访全面展示了招行的历史和发展，从中也可窥见招行成功的经验。

三、跨国企业：纷至沓来

1984 年全球商业世界进行着大洗牌，传统意义上的大公司陷入困境或面临分拆，新兴顶尖公司呼之欲出，而跨国企业对中国的投资也在不断加码。这一时期，与中国形成实质性连接的企业仍以重型生产企业为主，主要着眼点是技术输出或合资办厂，利用中国的低成本生产要素来扩大产能，并为中国市场未来的崛起做准备；当然，由于中国市场的成熟度逐渐提升，这一时期的后半段，消费类的跨国企业也开始进入中国。

典型企业：

国际制造业企业：大众、施耐德电气、三井、依维柯、标致、英特尔、阿尔卡特、摩托罗拉、杜邦等

国际消费品生产商：联合利华、宝洁、达能、雀巢、肯德基、麦当劳、亨氏、皮尔·卡丹等

在如今的手机品牌中，摩托罗拉已难得一见。人们或许不知道摩托罗拉与中国还有着很深的渊源——早在30多年前，甫一进入中国市场就被热捧的每部售价高达2万元的“大哥大”便是摩托罗拉的杰作。

1986年秋，摩托罗拉公司总裁罗伯特·高尔文踏上了中国的土地，在惊讶于这块神秘大陆万象更新的盛况之余，他敏锐地感知到，其通信设备领域尚是一片处女地——摩托罗拉施展拳脚的机会来了！

次年，摩托罗拉在中国设立了代表处，并随即成立了摩托罗拉中国委员会。“整体投入，全公司参与；投资建立一个世界级的企业，使之在世界范围具有竞争力。”摩托罗拉迅速明确了它在中国的发展战略。接下来，一期投资1.2亿美元的摩托罗拉（中国）电子有限公司在天津破土动工，这是一家独资的生产型企业，主要生产寻呼机、手机、半导体器件以及汽车电子配件等产品。

其中，摩托罗拉的寻呼机颇值一提，当年它在国人眼里的地位丝毫不亚于今天的苹果手机。1988年，中国市场上第一台寻呼机由摩托罗拉引入，一石激起千层浪，收获热烈的市场反响后，摩托罗拉的天津生产基地立即对其进行规模化生产。20世纪90年代初，摩托罗拉又率先推出了汉字寻呼机，售价数千元的摩托罗拉寻呼机一度成为身份地位的象征，占据了70%左右的市场份额。

整个20世纪90年代，“摩托罗拉寻呼机，随时随地传信息”的广告语家喻户晓，摩托罗拉在中国的寻呼机市场可谓如鱼得水，在寻呼发射机和其他配套产品软件领域，摩托罗拉也是一家独大。

不惟摩托罗拉小巧玲珑的寻呼机，那个年代中的另一个大物件也走街串巷出尽了风头，它就是大众汽车。大众汽车有多大众？2000 年前，它在中国的市场份额一直保持在 50% 以上，20 世纪 90 年代之前甚至独霸 90% 的市场份额。

但是，大众汽车打开中国市场大门却颇费了一番周折。由于早先风靡一时的“凤凰牌”轿车是模仿戴姆勒—奔驰公司的梅赛德斯 220S 型，因此，直到 20 年后的 20 世纪 80 年代，在中国汽车行业重要人物的心里，奔驰都有着与众不同的地位。

不过，时任第一机械工业部部长的周子健于 1978 年拜访戴姆勒—奔驰公司总部时，在斯图加特的大街上，却发觉奔驰车并没有像想象中那样流行，反而是甲壳虫、高尔夫等大众汽车在马路上风驰电掣。他立刻决定率领代表团改道前往沃尔夫斯堡探访大众汽车公司。然而，囿于对中国市场的认知，大众汽车对于进入中国却犹豫不决，这一犹豫就是 6 年。1984 年 10 月，上海大众合资项目的签字仪式在人民大会堂举行，中德两国的总理都出席了仪式。合资公司的原始资本总计为 2. 55 亿人民币，这一数目曾刷新了中外合资创办机械制造企业的最高纪录。

随后，上海大众于 1985 年正式成立，桑塔纳这款日后人尽皆知的德系中级车也正式驶入中国。大众汽车认准了中国汽车市场仍处于带有计划主义色彩的商品短缺阶段的现状，在中国市场主打同步欧洲标准的桑塔纳，在性能和技术指标上全面碾压同行竞品上海牌轿车、苏联伏尔加嘎斯 24 等。同时，桑塔纳又与中国政府密切合作，涉足“官车市场”，桑塔纳一度辉煌，成了行政用车的标配，以致民间有了“官大官小桑塔纳”的说法。

与上汽合作尝到甜头的大众，接着盯上了中国北部的长春一汽，很快又于1991年成立了一汽大众，把中国汽车工业的两大企业都拴在了自己的马车上。

随着改革开放的徐徐推进，国人生活水平的日益改善，整个社会的商业环境处于一种蓬勃发展的状态，跨国企业中的时尚先锋、零售巨头纷纷嗅到了商机。

1978年，一张照片出现在中国各大报纸上，今日看来仍令人唏嘘。照片上皮尔·卡丹身披黑色风衣，脖子上围着考究的围巾，双手插兜，气宇轩昂地走在北京的大街上，一路吸引了数十个中国人围观，他们臃肿的棉袄与这个老外的时尚气质形成了鲜明的对照。这是皮尔·卡丹第一次来到中国的场景。

“第一次去中国时，我到了许多地方，参观了不同的工厂。中国老百姓非常容易相处。跟他们在一起，你可以得到很明确的答案。一杯酒下去就会袒露心声，就成了朋友。我是第一个让中国人了解什么叫时尚的西方人。我很像马可·波罗，因为我们都具有冒险精神。”皮尔·卡丹无疑是最早意识到中国市场即将“晨曦载曜，万物咸睹”的精明商人之一。

捕捉到中国人对时尚风潮的向往，皮尔·卡丹决定把模特表演引入中国。1981年，他在北京饭店举办时装表演。北京的模特表演队最终挑选出来的一二十人，几乎全部来自基层，有卖蔬菜的、织地毯的、卖水果的，还有纺织女工。这是“文革”后在中国出现的首次模特表演。此后，各式营销活动愈发令人眼花缭乱，皮尔·卡丹也随之迅速走入中国大众的视野，成了红极一时的服装品牌。

吴晓波在《激荡三十年》中评论道，“在此后的20年里，他一直为那次表演会而感到万分的庆幸。因为在很长的一段时间里，‘皮尔·卡丹’是中国消费者心目中知名度第一的外国服装品牌，它一度还成为高档服装和奢侈消费的代名词。”

所有成为某个行业代名词的品牌中，至今尤为人们津津乐道的恐怕非肯德基莫属。1987年，肯德基第一家门店在北京前门正式开业，因为排队等待的人过多，以致公安人员都出动维持秩序。

虽然在20世纪80年代末，仅仅两块炸鸡、一个面包、菜丝沙拉和土豆泥组成的套餐就卖到了13.7元，相当于当时中国普通人月工资的1/4，但是花十几元体验一把国人眼中的“西式生活”，这样有意无意的商业噱头，对于长期与消费主义绝缘的中国人具有致命的吸引力。

仅那一年，北京肯德基餐厅的就餐人数就达到了1700万人，居肯德基集团全球餐厅榜首。原计划5年收回的投资，结果一年半就收回了。

《纽约时报》后来在报道中不无羡慕地说：“每天一到吃午饭的时候，北京肯德基炸鸡店就门庭若市，排队的人里三层外三层。天安门附近的前门分店创下肯德基单店最高销售纪录，它是世界上规模最大、赢利最好的连锁门店。”

时至今日，当我们看到街头巷尾的哈兰·山德士上校依旧会感到好奇，为什么这个大叔带来的看似简单粗糙的菜肴，居然能在拥有鲁、川、粤、闽、苏、浙、湘、徽等八大菜系的“舌尖上的中国”攻城略地，甚至几乎取代了中国人心目中的极品菜肴——烤鸡、烤鸭、涮羊肉！

这一切皆源于肯德基足够接地气的策略，它研究大众的偏好，快速迭代产品，从颇具中国风味的老北京鸡肉卷再到广东风味的咕咾鸡肉卷，从嫩牛五方到法风烧饼，肯德基总能针对国人的口味变换花样推出刺激味蕾的新产品，既做到了对标准化的坚持，又成功地实现了本土化，为这个时代所有公司在全球化和本土化上面临的难题提供了一种解决方案。

30 多年来，跨国公司以稳健发展与大肆扩张，以温情脉脉培育市场与无情排挤竞争对手，演绎着中国商业史上的独特篇章。它们在中国发展所经历的机遇、挫折、竞争、辉煌，既构成了过往纷繁的历史，亦昭示了未来无尽的想象。

改革开放40年百部企业案例图书
蓝狮子精选书单

我在大众汽车 40 年

相关企业：大众集团　作者：［德］卡尔·H. 哈恩
出版社：上海远东出版社　2008 年版

我亲身经历和参与了工业史的发展。在长达半个世纪的时间里，大众汽车公司——我感觉自己就是它的一部分——从一无所有跃升为全球第四大汽车生产商，我曾经担任它的董事长十多年。

由于我原则上不和媒体进行“亲密的背景交谈”，受到攻击时绝不去找社会舆论的麻烦，有些关于大众汽车和战后时代的历史性事件将会随我一起进入坟墓。

我基本上是靠记忆写下这些往事的……

——卡尔·H·哈恩

不一样的 25 年：施耐德电气的中国故事

相关企业：施耐德电气　作者：陈斯文　出版社：浙江大学出版社　2013 年版

本书由施耐德电气正式授权，以时间为线索，从施耐德电气不同阶段的决策及案例入手，真实地展现了其成功的产品竞争策略及并购方式。作为世界顶级公司，它独特的生产、物流、仓储及销售体系，尤其是卓越的商业方法与思想，给许多企业提供了做大做强的实际参考。

三位一体：英特尔传奇

相关企业：英特尔　作者：［美］迈克尔·马隆　出版社：浙江人民出版社 2015 年版

本书讲述了罗伯特·诺伊斯、戈登·摩尔和安德鲁·格鲁夫如何缔造了世界上最重要公司的故事。公司的“外交家”诺伊斯被视为圣父、“思想家”摩尔被视为圣灵、“行动家”格鲁夫被视为圣子，这个三位一体的组合创下了企业管理中的奇迹，开创了一个价值万亿美元的产业，将一家初创企业打造成为千亿美元量级的巨型公司。

在行业领导者的光环之下，英特尔也曾经历起落与成败，但它屹立不倒的关键在于从错误中学习的精神。《三位一体》不仅讲述英特尔在努力维护自己的行业主导地位、公司文化以及历史遗产时富有传奇色彩的历史，也对摆在公司面前的艰巨挑战进行了分析。

联合利华全攻略

相关企业：联合利华　作者：锐智　出版社：海天出版社　2006 年版

联合利华是《财富》世界 500 强企业，《商业周刊》全球品牌 100 强。本书以简洁、生动的笔调，从联合利华的发展历程入手，系统地介绍了其成功的核心理念和几代领袖人物的卓越智慧，详细地剖析了联合利华的品牌管理、产品策略、分销渠道、分销商管理、营销模式、促销方式、人力资源管理、企业文化、危机应对策略、全球扩张法则、在中国的发展状况，以及其未来的发展战略等成功之处。作为日化界的标杆企业，联合利华的上述管理策略将对同业管理者及从业人员提供非常宝贵的借鉴意义，对各界专家、学者和学生将是难得的研究和学习材料。本书还大量采用了我们专为培训而设计的幻灯片，展示了联合利华从一家肥皂生产厂到世界日化巨头的成长过程，以及诸多首次披露的学习资料。

再造联合利华

相关企业：联合利华　作者：［英］杰弗里·琼斯　出版社：上海远东出版社 2008 年版

联合利华是食品、家庭及个人护理用品的最大生产商之一，活跃于全球100多个国家。联合利华的规模之大与产品范围之广使其成为世界上独一无二的大型跨国公司。事实上，全球每两个家庭中，就有一户拥有联合利华旗下某个品牌的产品。

在本书中，杰弗里·琼斯这位哈佛商学院著名的商业史学家，将带领我们走进这家大型跨国公司的历史，看它如何从一家由英国公司和荷兰公司合并而成的小公司逐步发展成为遍布全球的快速消费品生产商。这个涉足食品、家庭以及个人护理用品等领域的大型跨国公司旗下有许多著名品牌，如立顿、好乐门、Birds Eye、和路雪、Ben & Jerry's、Surf、Domestos、金纺、多芬、Sunsilk、旁氏、洁诺以及 Axe 等。

本书着重点在于联合利华在过去半个世纪来的演化史。在全球化背景下，管理联合利华这样的公司意味着要面临无数挑战。在书中，你可以看到联合利华在各个时期的战略，以及其决策、营销、品牌管理、革新、并购战略、企业文化以及人力资源管理等方面的实景。

游戏颠覆者：宝洁 CEO 首度揭示品牌王国缔造的奥秘

相关企业：宝洁　作者：［美］A. G. 雷富礼　拉姆·查兰

出版社：机械工业出版社　2009 年版

本书中，雷富礼将我们带到宝洁内部，拉姆·查兰则以局外人的身份提供精到的管理分析。通过透彻解读宝洁内部的创新流程，并引用来自通用电气、苹果、惠普、乐高、沃尔玛等公司的真实案例，作者向我们展示了如何利用创新改变企业所处的商业环境——市场、竞争和客户；如何摆脱行业的传统桎梏；如何主动抓住时机勾勒新的游戏前景和空间；如何颠覆游戏使企业处于攻势而非守势；以及各级经理人如何在公司内实施创新，以达到可持续发展。

宝洁制胜战略

相关企业：宝洁　作者：[美] 雷富礼（A. G. Lafley）　罗杰·马丁（Roger L. Martin）　出版社：浙江人民出版社　2015 年版

作为拥有百年悠久历史的公司，宝洁有着辉煌的过去。在 2000—2009 年这 10 年间，宝洁取得了一系列斐然的成绩，这一切都源于一个人——雷富礼。雷富礼凭借自己在战略制定和战略选择上的超凡能力不断改造宝洁。与此同时，他还与密友、同样是身为战略大师的罗杰·马丁一起，为宝洁建立了完整、规范且实用的战略制定和选择工具。

为能从真正意义上缜密地思考战略，选择级联是远远不够的。两位战略大师为我们提供了战略逻辑流程和逆向工程分析两大工具。战略逻辑流程是为直接指导企业思考关键分析而设计的架构，而这些关键分析能够展现企业的战略选择；而逆向工程分析则用于配合其他工具来做出战略选择。纵观而言，这 5 大选择、一个架构、一项流程，为所有企业精雕细琢自己的战略提供了战术指导。

肯德基在中国

相关企业：肯德基　作者：刘国栋　出版社：机械工业出版社　2007 年版

本书作者在中国肯德基发展的关键时刻加盟，并持续三年担任业务发展副总裁，对肯德基在供应链、新产品研发、市场开发等方面的战略和执行有着深入了解，他在本书中揭示了肯德基成功拓展中国市场的秘诀：中国市场的特殊环境和令人兴奋的机遇；管理层的丰富经验和对中国文化的深度理解；充分考虑速度、规模和品牌定位的战略；在合作、产品、供应链、市场开发、培训、企业文化等方面的战略执行。

亨氏 57 变

相关企业：亨氏　作者：［美］罗伯特·艾伯特（Robert C. Alberts）

出版社：中国人民大学出版社　2008 年版

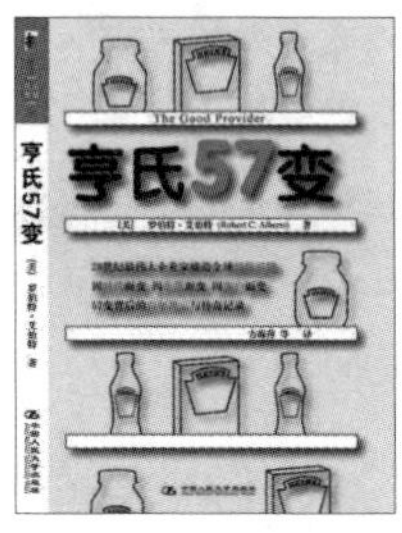

亨氏发现，美国人的一日三餐过于单调乏味，于是在 1896 年打出了堪称经典的销售广告：57 变——一年 52 周外加 5 个节日（圣诞节、感恩节、新年、独立日和复活节），向顾客提供 57 类不同的佐餐食品。从此，57 这个神奇的数字成为亨氏的代名词并一直沿用至今。亨氏产品也随之渗透到美国人的每一间厨房、每一张餐桌，成为美国人生活的组成部分。

第三章

1992—1997

品牌营销狂飙时期

1992年邓小平南方谈话之后，中国真正进入“发展才是硬道理”、用金钱重估一切价值的世俗狂欢时代，下海经商成为人们的主流生存选择。企业家作为一个社会阶层，开始整体出现。在某种意义上，中国社会主流人群的创业经商运动，是从1992年开始的。

“92派”：特指那些在大学院校、中央及省级党政机构就职的知识分子，在20世纪80年代末期，他们积极参与了经济体制改革的顶层设计，1992年之后纷纷下海经商，其内心均有强烈的社会改造情结。他们后来发起创办了亚布力论坛。代表人物有：

陈东升——国务院发展研究中心研究人员，泰康人寿，保险；

田源——国务院经济改革方案办公室价格组副组长，中国国际期货公司，金融；

冯仑——中央党校政治学博士，万通，房地产；

郭凡生——中国体制改革研究所联络室主任，慧聪网，电子商务。

大学生下海派：与出生于20世纪50年代的“92派”不同，这一部分创业者均是60年代生人，他们更带有经商的主动性和纯粹性，并没有政治上的抱负。代表人物有：

史玉柱——广东，珠海巨人，电脑汉卡；上海健特生物，保健品；

求伯君——广东，珠海金山，软件开发；

郭广昌——上海，复星，市场调查、房地产；

王传福——广东，深圳比亚迪，充电电池。

整个20世纪90年代的中后期，是民族品牌大规模崛起的阶段。经历了十多年的产能扩张之后，短缺经济迅速向过剩经济转化，企业家的核心竞争力从生产能力向营销能力和公司治理能力迭代。在前两个时期出现的企业家群体中，凡是在市场化运营上出色的人，都成了“英雄”。他们惯用的“武器”有两个，一是倡导国人用国货，二是价格战。到1996年前后，他们在家电、服装和饮料等领域都取得了非凡的成功。

在这一趋势的推动下，出现了一批非常激进的营销型企业家。他们围猎中央电视台的“广告标王”，实施广告轰炸和人海战术，一度主导了中国消费市场的潮流。他们又被称为“营销狂飙派”。代表人物有：

吴炳新——山东，济南三株，保健品；

倪润峰——四川，绵阳长虹，电视机；

胡志标——广东，中山爱多，VCD；

姬长孔——山东，临沂秦池，白酒。

如果说上述企业家在商品营销上大放异彩的话，那么，还有一些创业者开始通过渠道模式的创新变革，成为他们的“革命者”。这些人在本时期并不引人注目，但是在接下来的十年里，他们将成为新的主导型力量。代表人物有：

黄光裕——北京，国美，家电连锁；

张近东——江苏，南京苏宁，家电连锁；

袁亚非——江苏，南京宏图三胞，IT 连锁；

车建新——江苏，红星美凯龙，家居连锁；

王卫——广东，深圳顺丰，快递配送；

“桐庐帮”——浙江，桐庐申通、圆通、中通、韵达，快递配送。

——《激荡十年：水大鱼大》

一、中国企业：商业时代来临造就繁荣

1992 年是中国改革开放史中又一个标志性年份，这一年，邓小平再次南下，并通过陆陆续续的谈话，以明确的态度对无所不在的意识形态争论给予了断然的“终结”。伴随着这些谈话，一些位于党政机关、科研院所等当时被认为是“正统机构”中的冒险者纷纷“下海”创业，组成了后来被称为“92 派”的企业家群体。

从 1992 年至 1998 年亚洲金融危机，这个时段内最为繁盛的企业，是受惠于国人经济实力增强、消费需求不断提升的消费型企业。而值得一提的是，在这些关乎民生的竞争性领域，在民营资本百花齐放、各显神通的映衬下，国有企业因体制机制而造成的迟钝、臃肿暴露无遗，在这一时期，国有企业（尤其是地方国有企业）在亏损的泥沼中越陷越深，直到 1998 年以后，中央以“壮士断腕”的决心对国有企业实施了疾风骤雨般的大改革。

典型企业：

医药保健品行业：巨人、三株、飞龙、太阳神、养生堂、三九、康恩贝、贝因美等

家用电器行业：爱多、先科、步步高等

食品饮料餐饮行业：秦池、泸州老窖、青岛啤酒、燕京啤酒、加多宝、王老吉、伊利、蒙牛、光明、养元智汇、汇源、老干妈、海底捞等

零售行业：苏宁、国美、五星、大中、亚细亚等

新兴互联网行业：瀛海威、四通利方等

科教文卫等新兴第三产业：华谊兄弟、光线传媒、新东方等

“企业家就是扛着棺材上路!”胡志标曾不无夸张地表露他对自己身份和事业的认知。胡志标何许人也?在 20 世纪 90 年代跌宕浮沉的中国商业界，他无疑是一头翻云覆雨的商海巨鳄。

1995 年，他连续 4 天买下广州《羊城晚报》二分之一的版面。前三天，报纸上只写两个字“爱多”，当人们熬到第四天时，令人匪夷所思的报刊广告终于揭开了谜底——“爱多 VCD”几个大字轰然现世，爱多因此一炮打响，从一个名不见经传的小厂瞬间成为全国知名的 VCD 品牌。

1996 年，他不惜砸下百万重金请张艺谋策划广告，让成龙做形象代言，然后凭借一口 8200 万的标价，夺得了中央电视台天气预报播放后 5 秒的标板，成为当年标王，“爱多 VCD，好功夫”的广告语一时进入千家万户。

1997 年，香港回归，一曲《真心英雄》广为传唱。胡志标看准时机，以 2.1 亿元再度夺得央视广告标王，广告即主打成龙的《真心英雄》，成龙用不甚流利的普通话说出:“我们一直在努力，爱多 VCD。”而新的广告词成功获得了消费者的注意。

仅仅几年时间，27 岁的胡志标把爱多 VCD 做到了 27 个亿，堪称教科书式的营销案例，他也因此被称作“20 世纪末中国商业历史永远不能被遗忘的商界奇才”。而谁能料想，就在竞得央视标王不久，过度膨胀的爱多事实上已成强弩之末。数以亿计的广告投入，加上 VCD 行业竞争的白热化，爱多不得不进行所谓的多元化战略以及大规模的低价促销，结果应收账款不能及时回收，导致资金链断裂。一个神话般的企业由此被淘汰出局，胡志标也因故锒铛入狱。

当我们回顾那段“群魔乱舞”的激情岁月，除胡志标以外，或许还能看到几个蒙眼狂奔的身影：巨人集团的史玉柱、太阳神集团的怀汉新、三株集团的吴炳新……他们多集中在消费品行业，惯用简单粗暴的广告进占普罗大众的消费视域，并通通做到了在短短数年间成就一代商业传奇，又如昙花一现，转瞬被雨打风吹去。

彼时，横空出世的还有另一个“标王”——秦池酒业的姬长孔，他的故事后来被财经作家吴晓波写入了其经典作品《大败局》。

姬长孔是一名正营级退伍军人，时任山东省潍坊市临朐县秦池酒厂厂长。当时的秦池酒厂杂草满地，尚是一个十分不景气的小酒厂，产品从来没有出过潍坊地区。

姬长孔的出名，始于 1993 年他在沈阳的“行为艺术”。那年，姬长孔怀揣 50 万元带领秦池白酒前往东北攻城拔寨。随后，他以电视台买断段位，密集投放广告，请市民免费品尝秦池酒，租用大飞艇在闹市区狂撒万张宣传单等层出不穷的营销手段，喊出了秦池酒在沈阳脱销的虚话，成功营造了供不应求的假象，迅速博得消费者眼球。一年后，秦池白酒已在东北遍地开花。

好戏刚刚开场，姬长孔的野心远不止于此。1995 年，秦池酒以 6666 万元的价格摘下中央电视台广告“标王”的桂冠。次年，秦池酒的销售就从上一年的 2. 3 亿猛增至 9. 8 亿，在这一年的央视广告招标中，秦池以 3. 212118 亿元卫冕“标王”，而说到这串数字的由来，竟然因为那正是姬长孔的电话号码。

当日春风得意的姬长孔对媒体夸口：“1996 年，我们每天给中央电视台开进一辆桑塔纳，开出的是一辆豪华奥迪；明年我们每天要开进一辆宝马，争取开出一辆加长林肯！”

万众瞩目的姬长孔俨然耀眼的明星，他当然不会料到，秦池的辉煌只维持了两年，1997 年 1 月，一篇《秦池白酒是用川酒勾兑的》的报道把秦池从天堂拽入地狱，一个过分“勾兑”的商业帝国竟以同样戏剧性的方式轰然倒塌。1998 年 3 月，姬长孔黯然离开秦池，2000 年 7 月，秦池甚至不得不拍卖自己的商标。

在消费型企业的狂飙突进热潮中，还有一名真正的主角登场了，他曾经三度问鼎胡润百富榜之大陆首富，如今虽身陷囹圄，但他在与不在，商业的江湖仍然时常为之波澜再起。

他就是潮汕人黄光裕。《清稗类钞》记载：“潮民力稼穑，收果木、蔗糖及鱼盐之利，倍蓰其赢，而商业之挥斥乃益。”人杰地灵的潮汕久有经商传统，出过不少名商巨贾，李嘉诚、马化腾、姚振华皆出于此。

1985 年，同许多乡邻一样，初中没毕业的黄光裕（那时他还叫黄俊烈）就和哥哥黄俊钦带着四处筹借的 4000 块钱，北上内蒙古寻找商机。一开始只是通过潮汕、深圳、广州的厂商关系，贩卖一些短缺物资。次年，17 岁的黄光裕跟着哥哥揣着在内蒙古攒下的积蓄，以及借来的 3 万元，在北京前门的珠市口东大街 420 号盘下了一个 100 平方米的名叫“国美”的门面，那是一座二层小楼。他们先是经营服装，后来考虑到服装需要顾及面料、季候等诸多因素，而家电转手就能卖钱，于是他们果断改卖进口电器。

1987 年 1 月 1 日，“国美电器店”正式挂牌开张。尽管有货不愁卖，但那时的商业机构大多是国营单位，有各级批发站，有自己的渠道和网络，实力比他强，门路比他广。为了凸显差异化优势，在大多数商家正采用“抬高售价、以图厚利”的经营方式之时，黄氏兄弟坚持“薄利多销”的经营策略。

价格战容易被效法，往往导致零和博弈，黄光裕并未止步于与友商无休止的血拼肉搏。后来，当商家大打价格战时，国美率先推出了免费送货上门、上门安装调试、800 免费电话服务等举措，这些举措的实施使国美的售后服务比一些大商场还周全，大大提升了国美的竞争力。

与其说这些策略是基于某个商学院的教案指导，不如说是出于一种原始的生意人的精明。

黄光裕不单对商机有着敏锐的嗅觉，在营销上也常有开创性的惊人之举。1991 年，他第一个想到利用《北京晚报》中缝打起“买电器，到国美”的标语，每周刊登电器的价格。当时国营商店对于广告的认识还停留在“卖不动的商品才需要广告”的层次，即使后来有人想依葫芦画瓢，但黄光裕已以每次 800 元的低价包下了报纸中缝。轰炸式的广告和坚决的低价策略让国美在北京站稳了脚跟。

1993 年，黄光裕的小门面变成了一家大型的电器商城；1995 年，国美电器商城从一家变成了 10 家；1999 年，国美从北京走向全国……到 2004 年底，国美电器已经在全国包括香港在内 40 多个城市及东南亚地区，拥有了 190 个门店和 30 个分公司。高峰时期，几乎每个月就有两家国美直营店和一家加盟店在某个城市开业。

黄光裕对连锁业态的操作愈发得心应手，但他所奉行的商业逻辑其实并不复杂。国美所售商品的价格之所以能比竞争对手低得多，一方面是直接从厂家进货，省略中间环节，降低了成本；另一方面，也有赖于国美的规模，它通过自己的渠道优势而尽可能压低厂商的供货价格。“勤进快销，以销定进，注意库存的合理性，以明天能卖多少或后天中午能卖多少来决定今天的进货量。”“销量越大，进价越低，进价越低，销量越大。”以此形成了国美低价扩张的良性循环。

此后国美一路高歌猛进，数度荣膺中国内地首富的黄光裕，风光一时无两。年轻、草根、奋斗、首富等这些词汇纷纷汇集到他身上，他一夜之间成了当之无愧的“Chinese Idol”（中国偶像）。在黄光裕的对手名单上只剩寥寥数人，2005 年之后的两三年时间内，他开动并购战车，集中火力，几乎将这些对手的公司全部收归囊中，博得“屠夫”之名。

“其兴也勃焉，其亡也忽焉”，从来传奇的登场和谢幕都毫无预兆。就在黄光裕宣称要在 2008 年实现 1200 亿的年销售目标并跻身世界 500 强企业后不久，2008 年 11 月 19 日，他因操纵股价罪被查，并在两年后被判处有期徒刑 14 年……

从胡志标、姬长孔到黄光裕，20 世纪 90 年代以来，伴随着人们消费欲望升腾而蠢蠢欲动的，正是商业世界群雄并起的喧嚣。在一幅徐徐展开而又波诡云谲的经济图景中，时而暴雨倾盆，时而天光万丈，忽为侵晨朝景，忽为日暮穷途，唯有古老的东方大陆，见证所有，细数风流。

改革开放40年百部企业案例图书

蓝狮子精选书单

燕京天下：中国式基业长青

相关企业：燕京啤酒　作者：韦三水　出版社：当代中国出版社　2006 年版

由于中国的啤酒行业是市场化最早、竞争最激烈的一个行业，其中的商业逻辑具有典型意义。这个行业体现了中国商业的诸多优缺点：一窝蜂、小散乱、诸侯四起、外资进出汹涌、本土势力不断成长，以及资本、品牌、技术和营销等较量的盘根错节。在中国加入 WTO 前，啤酒业的竞争应该说最具全球化特点。而到了后 WTO 时代，啤酒业的竞争和发展也成为最具有全球化特点的中国商界图景。所以，中国啤酒业的命运沉浮恰恰是中国商界全球化的真实写照。但这个写照的坐标在哪里呢？是老牌的青岛啤酒，还是后来者居上的华润啤酒？抑或“最后的旗手”——燕京啤酒？

强势占领：加多宝

相关企业：加多宝　作者：孙惟微　出版社：北方妇女儿童出版社　2015 年版

“加多宝”这个名词已经红遍大江南北，而加多宝的发展过程也颇为传奇，历经坎坷。其在凉茶市场占领的份额日益增多，运用了哪些强势占领的方法？

本书作者全面解析了加多宝的发展以及背后的传奇故事。

沉浮史玉柱

相关企业：巨人集团　作者：朱瑛石　出版社：当代中国出版社　2006 年版

在中国经济改革的浪潮中，史玉柱无疑是具有传奇色彩的创业者之一。

1989 年，史玉柱研究生毕业，借款 4000 元下海创业，研究开发的 M－6401 排版软件 4 个月就赚了 100 万元。

1991 年，创立巨人公司，推出中文排版软件、笔记本电脑、手写电脑等多种产品，1993 年销售额即达到 3.6 亿元。巨人成为中国第二大民营高科技企业。

1995 年，史玉柱被《福布斯》列为大陆富豪第 8 位。

1997 年，因一连串盲目扩张的决策失误和兴建巨人大厦造成资金链断裂而导致巨人集团轰然倒塌，演绎了一个企业迅速盛极而衰的经典案例。

1998 年，史玉柱开始重新创业。在短短的两年时间内，就把脑白金打造成中国著名品牌。

2000 年，脑白金创造了年销售 10 亿元的奇迹。

2001 年，史玉柱还清了 2.5 亿元债务，并将“敢于承担个人责任”写进新巨人集团的经营理念，用行为宣示了“追求诚信才能东山再起”的游戏规则。

同年，史玉柱当选“CCTV 中国经济年度人物”。

巨人不死密码

相关企业：巨人集团　作者：彭征　出版社：中国民法出版社　2007 年版

他曾经是莘莘学子万分敬仰的创业天才，5 年时间内跻身财富榜第 8 位；也曾是无数企业家引以为戒的失败典型，一夜之间负债 2.5 亿；而如今他又是一个著名的东山再起者，再次创业成为一个保健巨鳄、网游新锐。事业的跌宕沉浮、世间的是非议论，唯有敢与苦难做伴的人，才能从跌倒的阴影中爬起来，迈向成功。

创造贝因美

相关企业：贝因美　作者：陈惠湘　出版社：中信出版社　2011 年版

本书的作者以其多年的企业研究与实践经验，阐述了新旧经济时代的交替与特点，从环境要求与企业核心竞争力的角度入手，对企业家精神、商业模式、公司组织等方面需要进行的“革命”作了系统分析，为中国企业的发展提供了前瞻性的预见与建言。

一杯沧海：我与青岛啤酒

相关企业：青岛啤酒　作者：金志国　出版社：中信出版社　2008 年版

如何让青岛啤酒，这个具有百年历史但在年轻人眼里已经陈旧的品牌，重新焕发新的生机和活力，成为现代人青睐的时尚品牌呢？

如何让青岛啤酒，这个典型的国有企业在市场经济条件下彻底脱胎换骨，改造成为与国际接轨的、制度健全、系统经营、市场化运作的现代企业？

中国的企业平均寿命只有三到五年，中国的企业家如何打造永续经营基业长青的世界级公司？本书作者追溯了自己在青岛啤酒几十年的职业生涯，回顾了自己从洗瓶工到总裁的心路历程，记录了迈向新的一百年的青啤发展之路，梳理和总结了担任青啤总裁多年的经验和体会，毫无保留地与读者一起分享在战略、品牌、管理、国际化等各方面的成功经验以及改革的艰辛历程。

本书不仅仅是青岛啤酒的发展史，也不仅仅是一个企业家的经验总结，同时更是中国国有企业向世界级公司迈进的真实历程，也是一代企业家追求从优秀到卓越、打造基业长青的国际一流企业的奋斗史。

2 小时品牌素养：详解王老吉成功之道

相关企业：王老吉　作者：邓德隆　出版社：机械工业出版社　2011 年版

本书是第一次系统发布有关中国企业的品牌竞争力分析报告，揭示了中国一流企业在品牌战略上面临的深重危机，提出了定位突围之道和实践方法。全书分上下两篇，上篇详细分析了定位的原理，给出定位的三种方法，并特别为中国企业走向世界指出了三条出路；下篇以王老吉品牌战略历程为例，细致论述了一个品牌打造的完整过程，并就品牌实践中的许多关键问题进行了阐述和研讨。本书简明而完整地提供了关于品牌打造的专业知识，兼具入门工具与指导手册之效。

伊利与蒙牛：中国两大乳业巨头的快速成长与营销策略

相关企业：伊利、蒙牛　作者：陈炳岐　出版社：中国经济出版社 2007 年版

本书分别从品牌建设、营销策略、产品结构、品质管理、经销商管理等方面对两家企业进行深入的对比分析，揭秘了这两家乳业巨头成功的奥秘。

牛根生如是说

相关企业：伊利、蒙牛　作者：张海　出版社：中国经济出版社　2008 年版

本书特点：

一、简明、易懂，正如牛根生所讲的道理，不那么高深但却发人深思，不那么堂皇却很实在、诚恳，是牛根生本人在经营管理中将复杂的过程凝练而成的思想精华，因而便于学习和传播。

二、《牛根生如是说》在阐述牛根生讲话的同时，尽可能复原了他当时讲话的行业背景、企业背景，并做了深入的剖析和说明，希望有助于读者更进一步理解和应用牛根生讲话中的思想和技巧。也为读者提供了从企业经营者的角度对蒙牛集团的成功经营与管理经验作更深层次解析和学习的机会。

三、《牛根生如是说》不仅从企业家的角度展现了一个企业如何从小到大，从弱到强的成长历程，同时也深入解析了整个行业的现状、前景和存在的问题。任何一个成功的企业家，唯有在企业的经营过程中将这个大背景考虑进去，才能准确地把握商机，做出正确的决策，带领企业稳健前进。

蒙牛内幕

相关企业：伊利、蒙牛　作者：张治国　出版社：北京大学出版社　2006 年版

本书从蒙牛发展历程、蒙牛经营模式、蒙牛文化等方面着手，全方位透视蒙牛跌宕起伏、高潮迭起的成长轨迹，并力图提炼出对众多经营管理者乃至一般人有所启示的普遍规律：

第一部分为“蒙牛现象”，详尽地勾勒了蒙牛的发展历程，既生动展现了蒙牛人的创业精神，也披露了大量鲜为人知的内幕，可读性极强；

第二部分归纳总结了蒙牛经营模式，详细阐述了成就蒙牛今日辉煌的 25 个法则，无一不是管理者可资借鉴的金科玉律；

第三部分阐释了蒙牛文化，明确提出了“文化是第二生产力”的思想，值得中国企业管理者深思。

新鲜——我和光明 15 年

相关企业：光明　作者：王佳芬　出版社：中信出版社　2008 年版

在中国企业家群落里，王佳芬是少见的杰出女性企业家，她用 15 年时间，以开放的心胸、国际化的视野、大都市的感觉，打造出一个新鲜的品牌。与此同时，她的出现也给竞争惨烈的中国乳业带来一股清新、开放、阳光的新气息。这种超前的海派风格，是她杰出成就的基石，但同时也注定了某种历史的宿命。

汇源内幕

相关企业：汇源　作者：刘世英　出版社：机械工业出版社　2009 年版

一个鲜为人知的财富故事，一段曲折感人的创业历程，一位背着煎饼闯世界的果汁大王。朱新礼，憨厚而精明，外柔而内刚，低调而执着，他用特有的企业家魅力，在汇源帝国演绎了一段从负数起家到亿万富豪的传奇故事。该书作者经过多年跟踪研究、数次深度采访，在掌握第一手资料的基础上，首次解析汇源帝国的成长之谜，独家披露朱新礼曲折的创业内幕。

老干妈陶华碧

相关企业：老干妈　作者：王金阳　出版社：台海出版社　2017 年版

从无名小店到辣椒酱帝国，她缔造了一个创业神话。她的人事制度、价格策略、财务观、资本观在互联网时代独树一帜。她不贷款、不上市、不广告、不欠别人一分钱，却将一个原本只有 40 人的小厂发展成为如今拥有 2000 多人的大厂，从斤装瓶子到如今千吨的大油罐，从只有两口铁锅到全国私营企业纳税大户，从经营小卖部到日销售万瓶，从一穷二白到一年销售收入几十亿。一瓶在国内卖几块钱的辣椒酱竟然登上了美国奢侈品销售网站，如今在美国、澳大利亚、加拿大、新西兰、韩国、新加坡、法国等三十多个国家和地区，都能看到“老干妈”辣椒酱的身影。她也从不名一文成为全国最大辣椒酱企业的掌门人，她的经营智慧令我们刮目相看。

海底捞你学不会

相关企业：海底捞　作者：黄铁鹰　出版社：中信出版社　2011 年版

作者历时两年深入调研，对海底捞全员进行了开放式调查，并同海底捞创始人张勇进行过数十次访谈。本书将告诉你，为什么海底捞得以成为中国餐饮业的新生力量。在本书中，从海底捞的服务、员工管理到创始人张勇的故事都将全面为您讲述。

苏宁：连锁的力量

相关企业：苏宁　作者：段传敏　出版社：中信出版社　2008 年版

17 年前，它还只是南京街头的一间空调专卖店；

如今，它曾以最高一天开 56 家连锁店的速度，成为中国最成功的家电连锁企业。

17 年前，他还只是一名默默无闻的创业者；

如今，他以 370 亿元的身价，成为“2007 胡润百富榜——零售富豪榜”的首富。

这不是神话，也不是奇迹，而是连锁的力量！

从 + 互联网到互联网 + ：苏宁为什么赢

相关企业：苏宁　作者：徐军　何丹　出版社：浙江大学出版社　2015 年版

从精耕 1600 多家线下门店，到全力转型线上平台，苏宁作为全国领先的商业连锁企业，毅然选择了自我革命，走上了全面拥抱互联网的道路。苏宁变革的成败，牵引着中国商业的格局与走向，也成为中国几百万实体企业关注的焦点。探索互联网 O2O 模式变革的苏宁云商，已经成为李克强总理审视“互联网 +”行动计划的一块试金石。

本书全面记叙了自 2009 年至今苏宁实行互联网变革，逐步实现全球商业史上前所未有的“沃尔玛 + 亚马逊”模式，转型成为一家 O2O 互联网零售公司的全过程。

移动互联网时代的变革如同 O2O 的本质，是始于物理式竞争，归于化学式融合的故事，其间有企业家与时代的融合，有企业存量与增量的融合，也有中国商业 O2O 生态的融合。

黄光裕如是说

相关企业：国美　作者：马宁　出版社：中国经济出版社　2008 年版

二十多年来，在曾被外资力量把持的零售，通信制造、网络等行业里，成长和涌现出了一批优秀的本土企业家，他们带领中国企业探索出了一条非凡的成功之路，向世界彰显了中国企业家的强大力量和独特智慧。本系列图书忠实记录并深入剖析了这些教父级企业家的创业、创新过程，为读者提供了一场关于中国企业家智慧的饕餮盛宴，我们衷心地希望他们的胆识、眼光和境界，能成为后来者的榜样；他们所经历的困境、遭遇过的坎坷、付出的代价，能成为后来者可以借鉴的经验。如能实现这一宗旨和目的，那便是我们这支创作和编辑团队们最大的欣慰了。

黄光裕的战争

相关企业：国美　作者：彭征　赵志超　出版社：中国民主法制出版社　2011 年版

本书以翔实的资料、小说式的生动描述，刀锋一样的犀利点评，解密了国美的成长轨迹，记录了黄光裕极富争议色彩的商业生涯。本书也同样是从一个公正中立的角度对黄光裕的沉浮人生进行了最完整的记述，对其家族式企业野蛮生长过程中的制度文明和企业文化进行了深入剖析。

从一无所有的农家穷小子，到富豪榜上的首富；从一家小商贩的小地摊，到中国最大的家电连锁帝国；从风光无限的中国首富，到因涉嫌经济犯罪而黯然失色……股权之争让黄光裕被再次推到舆论的风口浪尖，成为时下最受关注的问题商业人士。

光线十年：解密中国娱乐之王

相关企业：光线传媒 作者：王洪田 出版社：华艺出版社 2011 年版

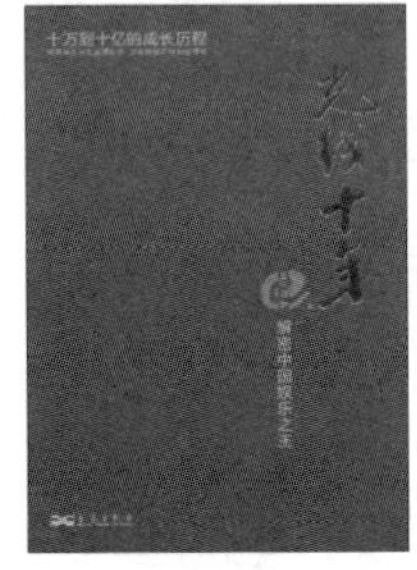

对于中国的传媒娱乐产业，光线是一个传奇。或者说是一个奇迹。从电视娱乐层面来讲，光线是当之无愧的娱乐之王。作者是根正苗红的光线人，从光线创立至今，从制片人到人力资源总监再到品牌总监，是娱乐之王的缔造者，亲历者，思考者，记录者。可谓光线传媒的最佳发言人。

《光线十年》，是中国民营电视的年鉴，是光线的编年史，同时又是作者个人的“太史公曰”，有揭秘的刺激，有感性的解密，又有看故事的快感。阅读起来，熟悉光线的人会觉得非常亲切，即便对光线完全不了解的人也会觉得饶有趣味。

二、跨国企业：蜂拥而入

随着市场经济体制目标得以确认，中央政府对外资进入的政策日渐放宽，而地方政府为了振兴经济则给予外资以“超国民”的待遇，中国市场的诱惑力正在急剧释放，这一时期，外资公司开始蜂拥而入，并逐渐成为中国经济结构中不可或缺的重要一环。

典型企业：

日化及相关行业：安利、欧莱雅、巴斯夫、屈臣氏等

电器行业：西门子、通用电气、艾默生、惠而浦、康柏等

消费电子行业：惠普、戴尔、微软、三星、索尼、思科、诺基亚、摩托罗拉、东芝、任天堂、IBM、柯达等

汽车及高端制造业：福特、通用汽车、宝马、日产、三菱、奔驰、奥迪、米其林、波音等

体育用品行业：耐克、阿迪达斯等

1992年，比尔·盖茨成为世界首富，也正是从这一年开始，微软这个享誉全球的“软件帝国”与众多跨国公司一道开启了进军中国市场的漫漫征程。

20世纪90年代初，中国的软件产业刚刚萌芽，电脑对于普通中国人而言依旧昂贵而陌生，世界第一人口大国的幻象瞬间被极低的电脑普及率消解了。此时，微软中国的业绩简直惨不忍睹，其销售额连马来西亚都赶不上。

业绩低迷的原因，一方面是因为微软进入中国的时候，整个中国的软件市场还很不成熟，秩序较为混乱；另一方面则要归咎于盗版软件的猖獗，正如经济学中所提到的“劣币驱逐良币”现象，由于当时个人和企业的知识产权意识极其淡薄，微软的正版软件基本上没有销路。

不过微软没有服软，占领中国市场的战略早已箭在弦上。以致后来比尔·盖茨虽然在《财富》（*Fortune*）杂志上公开宣称“中国人不花钱买软件，喜欢偷”，但“只要他们想偷，我们希望他们偷我们的”。

财大气粗的微软干脆将计就计，对愈演愈烈的盗版软件采取欲擒故纵的策略。毕竟，盗版软件损害的不仅仅是微软公司的利益，对微软竞争对手中国的软件厂商的伤害也很大。

微软于是甩开膀子，对盗版软件置若罔闻，甚至变相鼓励。果不其然，短短几年间，盗版软件的泛滥反而使得微软变得家喻户晓，名声大噪。盗版让微软损失的只是短期的利润，在微软这样的“巨无霸”眼里九牛一毛。当时，在中国赚不赚钱对微软总部来说无关紧要，真正重要的是宣传技术、开拓市场。而对中国的大多数实力不强的公司来说，意义就大为不同了，盗版软件病毒式的传播如同魔鬼，它们根本无力招架。

几年下来，盗版的微软软件已把能与微软产品相抗衡的本土软件逐个消灭了。借助盗版软件，不耗费营销资源，微软公司轻而易举地剪除了绝大部分竞争对手。

随后，蛰伏多时的微软开始收网了，它通过连续多起诉讼，全力围剿盗版软件，把盗版软件公司逼入死角，以胜利者的姿态全面收割中国市场，从而奠定了今日其在中国电脑软件行业无可撼动的霸主地位。

站在商业竞争的角度来说，微软利用盗版先消灭对手实现垄断，而后再打击盗版维护自己合法权益的做法，并没有触犯中国的法律，实现垄断是绝大多数企业梦寐以求的，因此微软针对中国的具体营销环境而实施的欲擒故纵策略无可厚非。

相比微软的游刃有余，安利公司的“中国化”道路就显得颇为坎坷了。

安利 1959 年在美国创建，是世界知名日用消费品生产商及销售商，业务遍及近百个国家和地区，营销人员逾 300 万。

长期以来，直销一直被安利公司看作最有效的营销方式，始料未及的是，1992 年安利携“多层次传销”战略进入中国的时候，各种非法传销活动趁机浑水摸鱼，同步潜入市场，扰乱秩序。这使得安利被“传销”的阴影所笼罩。

为了应对传销活动不断引发的民事争端和刑事案件，1995 年 3 月，当时的贸易部发文成立了“多层次传销管理条例”立法工作机构，着手起草多层次传销的管理办法。由于没有明确界定传销与直销的区别，此举迫使安利不得不停止招聘营销人员，以致员工大量流失，搭建中的销售网络遭遇重创。

1998 年 4 月 21 日，真正让安利手足无措的严峻考验不期而至。这一天，国务院下达传销禁令，对于中国境内所有以传销方式进行销售的公司全部进行停业整顿。原因是不少不法分子以直销为幌子搞“老鼠会”传销，以高额回报为诱饵拉人入会，再以新人的“入会费”作为暴利的来源。非法传销事件已在几个省份闹出刑事案件，央视《焦点访谈》还对非法传销做了专题报道。

再次囿于法律对传销与直销的模糊定义，安利中国被迫停业。因此之故，其销售额从一年前的 15 亿元狂跌至 3. 2 亿元……安利全球统一的营销模式在中国市场屡屡受挫，“安利”这个享誉全球的名称甚至成为非法传销的代名词。

时任安利公司全球总裁的迪克·迪维士（Dick Devos）仍然没有打算退出中国，他表示，“不管法规要求如何，我们都有信心调整以达到它的要求，正如我们在中国所经历的。中国是有特殊国情的一个市场，我们会加以尊重。我们不怕更多的变更和改变。”

终于，踌躇再三，安利做出重大决定：根据中国特殊的市场背景与特点，对经营模式实施转型，放弃所谓“多层次直销”，探索直销的“中国路径”。这几乎是一次浴火重生，经过艰难转型，从 1999 年开始，安利中国的业绩企稳回升并迅猛增长，再度展现出一家大型跨国企业拥抱中国市场之后迸发出的巨大能量。

毋庸置疑，中国的庞大市场为跨国企业提供了一片开阔的竞技场，当它们蜂拥而入之际，颇有群雄逐鹿之势。同时，中国市场所蕴含的潜能也成了某些外企的救命稻草，抢占这块商业“处女地”的成败一度关系到竞技者们能否重新焕发生机。

而如今日落西山的柯达公司，早在20世纪90年代就已显露疲态，却因为中国市场的开拓得以梅开二度。当时，这家因发明了感光乳剂而百年不衰的老牌公司受到了日本富士的强力冲击。在欧美市场，柯达节节败退，背负了超过100亿美元的巨额债务；在中国市场上，柯达最初同样是落后者，富士占据着70%以上的市场份额。柯达当时的处境，恍若撞上了冰山的泰坦尼克号，即将黯然沉没。

为了扭转颓势，确立在中国感光行业的霸主地位，柯达先后两次出手，1998年与中国政府多个部委联合签订了著名的“全行业合资计划”，即“98协议”，与国内感光企业中除乐凯外的6家大型企业实行了不同政策的合资，并获中国政府“三年内不批准另外一家外资企业进入中国感光材料行业”的承诺。

如其所愿，到2001年，柯达在中国的市场占有率超过六成，中国成为柯达全球第二大市场。后来，柯达又以总值1亿美元的现金、设备和技术，换取了中国感光行业最后一家企业乐凯20%的股份，为全面整合中国感光企业画上了圆满句号。

诚然，凭借“98协议”，柯达暂时缓解了危机，并在很长时间里成功阻挡了富士在中国的发展。不过，今天看来，体态臃肿的柯达最终还是没有抓住数码时代的机遇，未能逃脱被淘汰出局的命运。

或许在更长的时空尺度上，20世纪90年代的中国企业史只占据了中国崛起大潮的一小部分，跨国企业在这片土地上的喧嚣岁月时至今日已罕有回声。然而，那些记忆并未逝去，今天当我们面对充斥在生活中的各个国际品牌，它们总会在不经意间折射时间摆荡的痕迹……

改革开放40年百部企业案例图书
蓝狮子精选书单

欧莱雅：美容王国的财富传奇

相关企业：欧莱雅　作者：李野新　周俊宏　出版社：浙江人民出版社 2010 年版

欧莱雅这个源自希腊语、象征着美丽的名词，在世界美容化妆领域风靡了整整一个世纪。从 1909 年创立至今，欧莱雅历经了百年风雨的洗礼，从一个小型的家庭作坊跃居为世界化妆品行业的领头羊。

跨越：柯达在中国

相关企业：柯达　作者：袁卫东　出版社：中信出版社　2005 年版

《跨越》是柯达集团在汹涌澎湃、快速变革时代进行战略转型和跨越的一次系统性经验总结，既有战略与变革的恢宏，更有一个国际品牌在中国市场乃至全球市场成功的一些基本机制以及后台决策者的决策之道。它不仅为日益走向世界，并处于风云激荡变局中的中国企业参与全球市场竞争提供一种更有效的模式，还会让进入中国市场的跨国公司决策者掩卷三思！

一个制造胶卷的公司，它认为企业的历史就是每一个员工的历史，这样的记录方式是诚实的，秉承了影像的艺术原则。在这样的基础上，我认为，柯达（中国）的历史，基本上就是某个年代中外合资企业的一个代表影像。

安利：全方位揭秘直销帝国

相关企业：安利　作者：沈芳敏　潘鹏飞　出版社：机械工业出版社 2013 年版

是什么激励模式让数十万销售人员将安利事业当作自己的事业？又是什么让安利五十多年屹立不倒？是什么样的领导人和管理模式带领这家企业乘风破浪？《安利：全方位揭秘直销帝国》将为您全方位破解安利密码，通过重现安利五十余年的发展历程与管理特点，揭晓一系列问题的答案。

丰盛人生：安利创始人理查·狄维士自传

相关企业：安利　作者：［美］理查·狄维士　出版社：浙江人民出版社 2014 年版

本书是安利创始人理查·狄维士于耄耋之年写下的唯一自传，回顾了从最初的创业尝试到创建安利帝国的历程，也呈现了面对挫折和困境的解决之道。

理查·狄维士从美国一个普通小城的荷兰裔社区里走出，与少时伙伴合作，白手起家，创立安利。他是一位卓越的演讲家，还是一位出色的营销人员，更是一位慷慨的慈善家，其回馈社会的理念获得了美国第 38 任总统福特的盛赞。

在本书中，狄维士充分体现了一位“丰盛人生者”的追求与信念，这也正是安利事业的核心与基础。狄维士对人们创业的鼓励使更多人获得了丰盛的人生，这种鼓励是安利成功的关键之一。

赢

相关企业：通用电气　作者：［美］杰克·韦尔奇　苏茜·韦尔奇

出版社：中信出版社　2005 年版

韦尔奇结合自身管理实践及大量鲜活的案例，将其在工作与生活中“赢”的智慧倾囊相授，内容涉及商务活动的诸多层面，包括商业生活的要旨、企业领导的管理智慧、普通员工的求职与晋升之道，乃至如何实现工作与生活的平衡。本书凝聚了韦尔奇一生的管理智慧，是其执掌通用 21 年来领导艺术的总结与升华。

本书并不是专为 CEO 所写。无论你是来自跨国公司，还是小型企业；无论你是生产线上的工人、刚毕业的大学生或 MBA，还是项目经理或者企业的高层领导，只要胸中燃烧着奋斗激情，你都将从中受益。

艾默生管理：50 年持续制胜之道

相关企业：艾默生　作者：［美］查尔斯·奈特　戴维斯·戴尔

出版社：商务印书馆　2007 年版

在卓越的企业领导人查尔斯·奈特担任艾默生公司 CEO 的 27 年里，公司一直持续赢利。他认为，艾默生公司的长期竞争力是其按照严格制度实施动态管理的结果。在查尔斯·奈特和戴维斯·戴尔编著的《艾默生管理》中，奈特首次为我们详细展示了艾默生公司的管理过程。艾默生公司的管理过程既灵活又简洁，它包含六项重要的理念，而这些理念许多公司都不能始终如一地恪守。

《艾默生管理》为我们讲述了艾默生公司团队如何创立、发展、调整和热情地实施管理过程的故事。

拓新之旅：巴斯夫与中国缘起 1885

相关企业：巴斯夫　作者：［德］葛睿齐（Michael Grabicki）

出版社：社会科学文献出版社　2015 年版

今天，中国正在觉醒，不论在经济上还是政治上都越来越自信。中国人认为，中国正在重新获得在大国中应有的位置。

巴斯夫的很多员工也亲身经历了这一发展过程。1885 年，巴斯夫刚成立 20 年，一位名叫 Theodor Sproesser 的经理来到中国。他的任务是说服中国人相信巴斯夫染料的优点。这在当时是充满风险的做法，但他最终获得了成功，此事将在本书中详述。从那时起，中国的一切几乎都改变了。如今，巴斯夫在中国大陆、香港和台湾地区的销售额约 55 亿欧元，运营着最先进的生产装置。巴斯夫是中国化工行业中最大的外商投资企业，与中国的合作伙伴，特别是和中石化有着密切合作。

这本书追溯的正是巴斯夫这一颇具企业家活力的时期。之所以能够成书，正是因为大部分参与者——巴斯夫老员工们的积极性，还包括很多经济界和政界巴斯夫的伙伴都愿意分享他们的感受和经历。

思科真相：“温柔大鳄”是怎样炼成的

相关企业：思科　作者：郑华芝　出版社：电子工业出版社　2014 年版

钱伯斯会“败走麦城”，还是会东山再起？华为和中兴遭美国封杀，思科是幕后推手？作者从 1997 年开始采访、报道、研究思科，以 IT 记者独特的视角从思科的创业得失、收购秘诀、招聘精兵良将的特殊人才策略、渡过危机的复苏秘籍、台前幕后的品牌之道、思科的文化基因以及思科未来等八个方面，深度解析了思科创业及快速成长之谜，努力向读者还原一个真实的思科。

移动帝国诺基亚

相关企业：诺基亚　作者：毛屋堂　出版社：中国经济出版社　2009 年版

世纪之交北欧的芬兰在移动通信产业异军突起，诺基亚成为让世人震惊的一匹黑马。这位立业以来近 160 岁的“老人”，在自己即将油尽灯枯之时，却又在最短的时间内，迅速冲在了移动通信产业的最前线，而且快速地建立起了自己环视世界的“移动帝国”，连续 7 年稳坐全球市场的霸主之位，使欧、美、亚三大洲形成了三足鼎立的帝国霸业格局。

这是一部怎样波澜壮阔的历史画卷？是历史的必然还是人治的偶然？它的成功揭示了哪些企业治理方面的金科玉律？让我们首先追根溯源，从历史的陈迹中找寻它的奥秘。

沃森父子与 IBM 王朝

相关企业：IBM　作者：［美］理查德 · S. 泰德洛

出版社：中国人民大学出版社　2005 年版

这是一个最经典的家族企业故事，尽管市场上已有多本关于沃森的书，但由哈佛商学院泰德洛教授撰写的这本书，被人们誉为美国商业史的经典之作，不可不读。

托马斯 · 沃森曾被誉为“世界上最伟大的推销员”。他把推销看作事业的目标、人生的理想，他是美国商业史上非常注重企业文化的管理者之一。他独具特色的企业价值观与传统是 IBM 日益成长、壮大的动力之一。他的儿子——小托马斯 · 沃森把自己的父亲当作偶像，他认为“自己的生命映射着父亲的生命”。他尽力仿效父亲并力求使自己做到最好，但是“他不是他的父亲”。他为了自己的事业牺牲了弟弟的事业。沃森家族至此再没有人能肩负起管理 IBM 的重任。IBM 一步一步地走向衰落。但是，它并没有淡出人们的视线，因为外聘的首席执行官格斯特纳拯救了这个公司。在某程度上，是一个外人在让 IBM“虎口脱险”。

IBM 百年评传：大象的华尔兹

相关企业：IBM　作者：李连利　出版社：华中科技大学出版社　2011 年版

本书在回顾 IBM 百年史的同时，也对中美两国的百年史、中国百年的企业史进行了简单回顾，力求从《IBM 百年评传》中找到一些对企业来说应该遵从的原理，甚至在更大范围内，找到例如行业从业者、行业监管者应该遵循的一些原理。在 IBM 的百年发展史上，企业可以看到企业文化的重要性，个人则可以从众多 IBM 企业英雄的身上找到适合自己的榜样。霍尔瑞斯（Herman Hollerith）、老沃森（Thomas John Watson）、小沃森（Thomas J. Waston Jr.）、克里（Frank Cary）、郭士纳（Louis V. Gerstner）、彭明盛（Samuel Palmisano，萨缪尔·帕米沙诺，国内新闻界一般称其为彭明盛）等人，他们的特点不一、长短处各有不同。其实，每个人都可以根据自己的特点相应地与他们中的一人或几人对接。只不过，他们的成功原因在于激发出了自己的潜能，而大部分人则并没有找到激发自己潜能的力量而已，这个力量就是：确定一个适合于自己的企业文化基因。

IBM：蓝色基因 百年智慧

相关企业：IBM　作者：张烈生　王小燕　出版社：华侨出版社　2011 年版

本书作者供职 IBM 二十二年，从一名普通的销售到一名大中华区副总裁，他亲历了 IBM 中国的萌芽与壮大，也经历了 20 世纪 90 年代郭士纳对 IBM 的转型手术和将个人电脑业务卖给联想的艰辛、痛苦与挣扎；同时，他也是 IBM 向服务转型的落实者，曾带领他的 IBM 团队，一起推动了中国银行业数据大集中工程和 IT 服务行业转型。他深谙企业的蓝色文化，通过对 IBM 百年的历史回顾，首度剖析了 IBM 在文化、策略、执行三方面的十大核心能力，用 IBM 领跑世界 100 年的成功解密企业如何才能做强！做大！做久！任何一个想要基业长青的企业，都能从 IBM 的管理之道中，找到一些值得借鉴的百年智慧。

惠普之道：美国合伙人的创业思维

相关企业：惠普　作者：［美］戴维·帕卡德　出版社：重庆出版社
2016 年版

从最初只能在容纳一辆汽车的车库里经营，到后来崛起成为一家数十亿美元的企业，惠普的发展可谓一个集愿景、创新和努力工作于一身的传奇故事。自从 1939 年成立以来，惠普的成功不仅仅得益于其工程技术和尖端的产品创意，还得益于他们形成的一套独特的管理方式。

数十年前，当今流行的创新管理趋势尚未出现，惠普公司就提出了“走动式管理”“弹性工作时间”和“质量周期”等理念。惠普并未局限于企业创立之初推动发展的产品，更开发出了完全不同的产品，并且始终对客户需要保持高度敏感，积极投入培养员工，因此取得了大幅稳步增长，相较之下，其竞争对手则浮浮沉沉，难以望其项背。

本书是戴维·帕卡德的遗作，他详述了与比尔·休利特相识、相知并携手从 500 美元起家，创办惠普，一步步发展壮大，将其打造成世界 500 强明星企业的历程。

三星崛起：亚洲新兴的标杆企业

相关企业：三星　作者：陈宇峰　张静波　出版社：中国经济出版社
2012 年版

本书从定位高端的品牌战略、高瞻远瞩的战略路径、孤注一掷的战略选择、全面立体的标杆学习、持之以恒的质量管理、完备齐全的研发设计、大刀阔斧的结构调整、李健熙的领导、人才第一主义等方面，详细阐述了三星公司的成功之道，对中国企业有深刻的借鉴意义。

微软内幕

相关企业：微软　作者：王超华　出版社：中华工商联合出版社　2011 年版

1975 年，两位青年人在美国新墨西哥州的一家旅馆里成立了微软公司，从此踏上了软件帝国的创业之路；25 年后的 2009 年，"微软之父"已然隐退，微软则已经在世界软件行业内称霸几十年，创造了一个又一个的"软坛"神话。微软发展壮大的过程凝聚着比尔·盖茨和所有微软人的力量和智慧，该书以简洁欢快的语言风格为我们讲述了微软的创业历程和比尔·盖茨的传奇人生，将比尔·盖茨毅然退学创业、集中力量开发 Windows 系统、与网景在浏览器市场上一决高下、微软反垄断案、与谷歌的生死之战等事件娓娓道来，深入浅出，业内外人士均可畅读，其中的成功智慧和竞争战略更是能够为在路上的奋斗者提供众多有益的参考。

十年蹉跎：微软王朝危机

相关企业：微软　作者：姜洪军　出版社：科学出版社　2012 年版

通过揭秘微软进入 21 世纪 10 年来的发展历程，透视其走下成功巅峰的内在原因，剖析其所面对的强大外在挑战。20 世纪末，微软在这个星球上的科技产业中独步天下，其创始人比尔·盖茨被视为信息技术革命的代表及科技创新的灵魂人物。然而，微软在应对互联网浪潮时，进退失据。盖茨主导下的微软在完成对网景公司的"绞杀"后，被美国司法部反垄断枪口的准星锁定，差点被一分为二，盖茨也因此退居二线，此后微软在经营及科技创新上渐趋保守。目前，在高端商业应用软件市场，微软遭到老对手 IBM 和甲骨文的强烈狙击；在消费电子市场，微软被自己放虎归山的苹果多次击败；在网络搜索和智能手机操作系统上，微软苦苦追赶谷歌；在网络社交领域，微软发力很早，却被 Facebook 等后起之秀甩在身后；在云计算方面，微软也遭遇系列新生代对手的顽强挑战……

波音传奇

相关企业：波音　作者：［美］罗伯·瑟林　出版社：企业管理出版社 1998 年版

就整个历史的轨迹来看，七十五年的光阴如沧海一粟般微不足道。不过以公司的历史来看，波音堪称“人杰”，因为在一九一六年以来成立的众多顶尖或出尽风头的美国公司中，其下场不是随风而逝就是被其他公司并购。不过，波音却仍能在惊涛骇浪中屹立不倒，而且日益茁壮、挺拔。时至今日，它不但是美国科技雄霸天下的象征，其所建立的各种标准也为其他公司的人员所一致遵循。其员工一句“我在波音服务”的话语中不知包含了多少的骄傲，当然，也包含了其他人对该公司的期许。

波音：全球整合，集成飞翔

相关企业：波音　作者：彭剑锋　出版社：机械工业出版社　2013 年版

波音公司如何从一个家庭作坊式飞机生产商发展成为全球第一的军机和民机制造商，其基业长青的秘诀何在？它怎样平衡内部各利益体所乘坐的“跷跷板”？波音公司各届领导人如何乘风破浪，掌舵波音？“波音之翼”有哪些？波音公司的核心竞争力何在？它是如何与世界合作生产波音 787“梦想飞机”的？波音又是如何与空客展开对决的？是什么样的人力资源管理模式和企业文化帮助波音公司留住了人才？波音公司是如何进行财务和资本运作的？作为一个全球企业公民，在创造企业价值的同时，它是如何履行社会责任的？本书通过重现波音公司百年发展历程与管理特点，将为读者揭晓一系列问题的答案。

福特传

相关企业：福特　作者：［美］道格拉斯·布林克利　出版社：中信出版社 2016 年版

历史上，没有几样事物对人类文明的影响像福特汽车公司那样大。这家开创了大规模流水线生产方式的汽车制造企业是一个世纪以前由特立独行的远见家和机械师亨利·福特带着一帮傲慢的怪异天才创建的，是它把整个工业世界带入了现代时期。

最优秀、最有魅力的历史学家之一道格拉斯·布林克利所著的《福特传》是一部丰富多彩的历史传奇，我们可以从中了解到亨利·福特和福特汽车公司如何改变了我们的世界。从T 型车不可思议的成功到受人喜爱的 A 型车和 V8 再到雷鸟、金牛座的辉煌岁月，布林克利在这部有不朽价值的著作中揭示了有关福特汽车公司那些伟大成就的迷人细节。每一章都会出现杰出的创新家，包括托马斯·爱迪生、艾尔弗雷德·斯隆、迭戈·里维拉和查尔斯·林德伯格。布林克利讲述了福特汽车公司在全世界的扩张以及在 20 世纪 90 年代收购沃尔沃、陆虎、美洲虎和马自达的过程，也探讨了福特汽车公司的阴暗面，包括创始人的反犹太主义和欠妥当的战时和平主义。

绩效致死：通用汽车的破产启示

相关企业：通用汽车　作者：［美］鲍勃·卢茨　出版社：中信出版社 2013 年版

在本书中，鲍勃认为通用败于一个巨大的陷阱。商学院和经理人制度导致企业高管们片面注重数字分析，从而导致一种财务报表驱动的管理风格，正是他们毁掉了美国的制造业与创新。他认为企业应该由业务主导，而不是财务主导。这和大部分企业目前崇尚的管理理念是不同的。在他看来，财务主导的经营模式会导致企业创造力低下、产品研发投入缩水等问题，最终侵蚀企业核心竞争力，而业务研发才是长远的发展之道。在业务领域，不应当着眼一时一地的收支平衡和得失，而应当从企业真正提供的价值和未来的发展着眼。

我在通用汽车的岁月：斯隆自传

相关企业：通用汽车　作者：［美］小艾尔弗雷德·斯隆

出版社：华夏出版社　2014 年版

当艾尔弗雷德·斯隆于 1918 年加入通用汽车之际，通用汽车正处在危难之时，人们看不到它的未来。现在，通用汽车是世界上最大的汽车集团，而且是美国经济的标志之一。

《我在通用汽车的岁月》对通用诸如计划和战略、持续经营、财务成长以及领导等企业基本的管理政策和战略概念的早期创新和发展进行了详细描述。

体验宝马

相关企业：宝马　作者：［美］戴维·基利　出版社：电子工业出版社　2005 年版

本书作者戴维·基利通过走进这个传奇的汽车制造商，揭开其控股者匡特家族的神秘面纱，真实再现了宝马四个时代的浮浮沉沉，揭示了宝马领先于时代、超越于汽车的经营哲学和策略，诠释了宝马成为全球最受尊敬、最具赢利能力汽车制造商的终极秘诀！

日产，这样赢得世界

相关企业：日产　作者：［日］野中郁次郎　德冈晃一郎　出版社：中国人民大学出版社　2010 年版

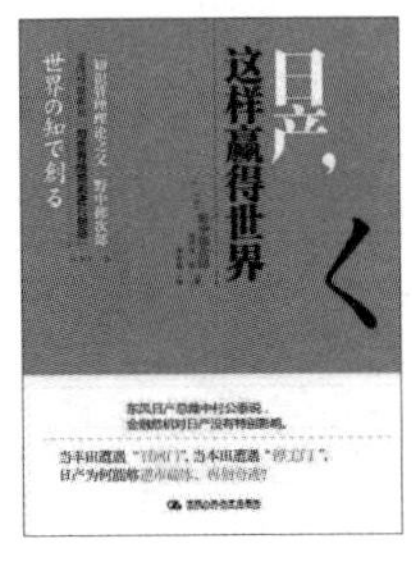

在全球化的时代，一个企业的过人之处，本质是其知识创造能力。“知识管理理论之父”野中郁次郎说：“知识是使企业获得持续竞争优势的最可靠源泉。”本书作者野中郁次郎、德冈晃一郎通过对日产公司日美欧各地逾百名员工的深度取材，结合自己 30 多年跟踪研究日本企业的经验，揭示了日产 20 多年成功的奥秘。

米其林人：驾驭帝国

相关企业：米其林　作者：［美］赫伯特·洛特曼　出版社：中国友谊出版社 2015 年版

说起伟大的米其林轮胎，人们更多知道的可能是创始人爱德华·米其林，是他兢兢业业地对技术进行革命性的创新，从而建立起了庞大的轮胎工业帝国——米其林轮胎公司。然而，在洛特曼的这本《米其林人：驾驭帝国》中，你不仅仅能了解这位务实的弟弟，还能认识另一位伟大的米其林人，作为哥哥和宣传家的安德烈·米其林。虽然这么多年来他一直不被国外的读者所熟悉，然而在帝国企业的发展兴盛过程中，他的作用跟弟弟不分伯仲。是他发明了必比登这个可爱的卡通人物形象，那幽默、犀利、一针见血的每周一次的评论，极大地提高了米其林轮胎的知名度。而举世闻名的《米其林指南》也是出自他之手。《米其林人》这本书的另外一个显著的特点就是，作者参考了众多文献资料和书籍，将神秘的米其林工厂那些不为人知的故事一一揭示在读者眼前。

索尼源流

相关企业：索尼　作者：索尼株式会社传媒中心　出版社：华夏出版社 1999 年版

本书记录了索尼公司的成长历程。当然，我们不会仅仅停留在对过去的回忆，而是要时刻思考索尼应该如何前进，挑战未来。面对下一个50年，我们将进一步提高“S0NY”四个字母的分量，开发“激荡消费者心弦”的商品，使这个集软件、硬件于一身的综合企业更上一层楼。同时，我们将以备受社会尊敬的企业形象不断前进。希望今后继续给予指导、鞭策。

迷失与决断：我执掌索尼的十年

相关企业：索尼　作者：［日］出井伸之　出版社：中信出版社　2008 年版

本书是出井伸之卸任后回顾索尼十年征程的亲笔记录。从一名普通的基层员工，到作为索尼首位“职业经理人”执掌全局，他如何成功地挽救了濒临灭亡的索尼，实行公司治理改革，并将改革进一步推向新的高潮。同时，本书也披露了索尼掌舵者的经营智慧与心路历程。

自1960年加入索尼，1995年出任索尼总裁，到2005年离职，出井伸之执掌索尼的十年，是索尼大刀阔斧“二次创业”的十年。胸怀“再造索尼”的梦想，十年中，出井伸之致力于将索尼从模拟时代转向数字时代。作为“亚洲最有实力的经营者”，他将索尼打造成为年销售额7.5万亿日元的巨型公司，财富500强排名始终在30名上下。另一方面，出井伸之在索尼发展决策上的失误，也使索尼57年的辉煌神话一朝破灭——超前转型的后果是：2004年他被《商业周刊》评为“最糟糕的经理人”，2005年便黯然下课。

鞋狗

相关企业：耐克　作者：［美］菲尔·奈特　出版社：北京联合出版社 2016 年版

在《鞋狗》中，耐克创始人菲尔·奈特亲自讲述了耐克“从 0 到 1”的过程：作为一位美国俄勒冈州的普通人，他出于对跑步的热爱决定进入跑鞋销售领域，从 50 美元起步，带领一支个性古怪的“杂牌军”，游走于随时破产的悬崖峭壁，却最终缔造了一个强大的体育商业帝国，让耐克标志成为少数几个可以被全世界人毫不费力认出的商标之一。创业过程中，合作伙伴的背叛、开户银行的翻脸、竞争对手的构陷、国家权力的紧逼；狡猾的融资技巧、粗犷放纵的企业文化、近乎不要命的扩张策略……菲尔·奈特用朴实、幽默的语言，真实袒露了一群痴迷者创业路上的挚爱、执着与疯狂。

没有不可能：商业史上伟大的复兴故事——再造阿迪达斯

相关企业：阿迪达斯　作者：［美］布伦纳　出版社：中信出版社　2007 年版

在运动品牌中，没有其他任何品牌有阿迪达斯这样的传统和辉煌。今天，著名的三条纹已经渗透到流行文化中，无论何时，只要有重大体育赛事，阿迪达斯就会出场，它也吸引了贝克汉姆等超级明星为其代言。

但是，今日的荣耀背后，曾经有 6 年的时间，阿迪达斯因设计平庸、缺乏远见而无人问津。本书基于对阿迪达斯员工的第一手采访资料，为你讲述了这个伟大品牌走出低谷，反败为胜的历程。从德国商人达斯勒创立阿迪达斯，到它连续 6 年无人问津奄奄一息，再到现在的市值数十亿，阿迪达斯谱写了一个伟大的商业复兴故事。凭借新颖的理念、精明的营销、有力的领导和对这个品牌的热爱，阿迪达斯的坚信者最终使它重焕活力，回归了昔日的光荣和梦想。阿迪达斯的历程相信能带你从中找到经营成功的必备要素，也将再次验证阿迪达斯的那句广告语：“没有不可能（Impossible is nothing）！”

任天堂快乐创意方程式：百年传奇与制胜之道

相关企业：任天堂　作者：［日］井上理　出版社：南海出版社　2011 年版

创意产业的世界瞬息万变，不断地通过创新制造“惊”与“喜”的用户体验成为激烈竞争中的制胜之道。作为游戏产业的传奇、“游戏界的苹果”，任天堂执着地奉行创意先行、快乐至上的理念，用新颖的创意贯彻娱乐产业的精神，不断推出超乎想象、令人无限惊喜的产品，带给人们前所未有的体验，从一间小纸牌作坊发展为世界游戏产业霸主。坚持“只做独创性产品”的创意策略，任天堂开发了 FC、Game Boy 等经典机型，以及“马里奥系列”“塞尔达传说”“口袋妖怪”等一批风靡全球的游戏作品，游戏软件销售超过 20 亿份；凭借掌上游戏机 NDS，它出奇制胜地走出了与索尼十年战争失败的逆境，重新划分市场格局；通过推出家庭游戏机 Wii，它在 2008 年全球性金融危机中岿然不动，逆势保持快速发展，Wii 更是让英国女王与威廉王子爱不释手，并成为美国总统奥巴马带进白宫的第一件家用电器。任天堂在上百年发展历程中创造了一个又一个奇迹，本书将为你揭开任天堂的百年传奇与制胜之道。解读任天堂，解读整个创意产业。

第四章 1998—2008

资本外延扩张时期

在经历了1998年的亚洲金融危机之后，中国宏观经济发生了三个重大的战略性转变：其一，制造业由内需主导向外贸主导转变；其二，商品房制度诱发地产热；其三，城市化建设推动能源及重化产业蓬勃发展。

在这一时期，影响中国企业界的主流治理思想，从日本模式向美国模式迭代。

在景气红利的陡变之下，制造业面向内需市场的创新变得乏力，“利润如刀片一样薄”（张瑞敏语）。与此同时，渠道商的力量爆发，进一步剥夺了制造业品牌商的利润空间，黄光裕曾在2004年、2005年和2008年三度问鼎胡润百富榜的中国大陆首富。依靠成本和规模优势的“中国制造”（Made in China），迎来黄金十年。

“中国制造”派：

郭台铭——富士康，电子产品零配件及组装；

“义乌帮”——浙江，义乌，小商品；

“绍兴帮”——浙江，绍兴，纺织印染；

“东莞帮”——广东，东莞，服装及电子产品；

“泉州帮”——福建，泉州，运动休闲装。

随着城市化的推进，房地产和涉足钢铁、机械装备业的企业家迎来了自己的春天。在这十年里，越是激进且敢于反周期投资的企业家越能获得惊人的回报，除王石、沈文荣等人之外，下述企业家的表现值得关注：

许家印——广东，广州恒大，地产；

杨国强——广东，顺德碧桂园，地产；

孙宏斌——天津，顺驰、融创，地产；

梁稳根——湖南，长沙三一重工，机械装备。

这十年，同时是中国资本市场大幅扩容却极度扭曲的十年。一些冒险家攫取了巨额利益，他们以“影子人”的方式同时控制了多家上市公司，形成了极具中国特色的资本系：

唐万新——新疆，德隆系；

魏东——北京，涌金系；

肖建华——北京，明天系。

在文化传媒产业，由于管制的存在，民营资本的成就乏善可陈。不过仍然出现了一些创业者，他们的资本规模也许并不大，但是却在塑造国民的新审美趣味。代表人物有：

王中军、王中磊——北京，华谊兄弟，电影；

邵忠——广东，深圳周末画报，杂志；

刘长乐——香港，凤凰卫视，电视。

互联网经济的从无到有，是这一时期最重要的中国现象。与之前所有创业者不同的是，他们从一开始就得到了国际风险投资及资本市场的支持，因此被看成是“原罪”色彩最小的“阳光创业”典范。与 1984 年的“企业元年”类似，中国互联网公司的创建及模式雏形定型，均发生在 1998 年到 1999 年之间——这一时期可以被定义为中国互联网的元年。最早引起关注的是三家新闻门户公司：

王志东——北京，新浪；

张朝阳——北京，搜狐；

丁磊——广东，广州网易。

与三大门户几乎同时创业，但在影响力上稍稍落后的企业还包括后来的BAT（百度、阿里巴巴、腾讯）及其他一些公司。代表人物有：

马化腾——广东，深圳腾讯，即时通信；

马云——浙江，杭州阿里巴巴，电子商务；

李彦宏——北京，百度，搜索；

陈天桥——上海，盛大，网络游戏；

梁建章、沈南鹏、季琦、范敏——上海，携程，旅游票务服务；

刘强东——北京，京东，电子商务；

周鸿祎——北京，3721，搜索。

这些创业者中年龄最大的是出生于1964年的张朝阳和马云，最年轻的刘强东出生于1974年，他们全数是大学本科及以上学历。他们在这一时期的集体出现，极大地改变了中国商业潮流的走向。

2002年，浙江传化的徐冠巨当选浙江省工商联会长。徐冠巨是私营企业家出任该职务的第一人，这被认为是企业家政治地位提高的标志性事件。到2017年，浙江、重庆、广东和海南的工商联均由民营企业家出任主席。

——《激荡十年：水大鱼大》

一、中国企业：全面景气时代开辟蓝海

1998 年是中国改革开放二十周年，同时也是中国经济发展中极具标志性的一年。这一年，亚洲金融危机席卷而来，为了对抗危机，中央政府以降低赋税、放开住房消费贷款、停止福利分房等措施，全面激活住房消费市场，自此开启中国房地产行业以及高速城镇化的黄金时代，而由此带来的民间财富迅速爆发和商贸活动日趋频繁，也带动了一大批产业以及资本市场的繁荣，中国进入全面景气时代。

20 世纪 90 年代末，为了拯救陷入危局的国有企业，涉及产权制度的国企改革开始大刀阔斧地推行，竞争领域的“国退民进”成为常态，而仅仅数年之后，国资委成立，国有资本所退守的上游垄断行业伴随着经济发展而快速膨胀，赚得盆满钵盈的央企风头一时无两，并开始集群式地冲击世界 500 强，令全世界为之瞩目。因产权让渡而出现的“混合所有制”企业，渐渐成为国企改革的主流，也正因此，国有企业和民营企业之间曾经泾渭分明的界限开始变得模糊，出现了领域相互渗透、股权相互持有的趋势——这也意味着，在未来的国际竞争中，“中国企业”将渐渐取代“中国国有企业”或“中国民营企业”，而成为众人关注的焦点。

此外，从 1998 年开始的这段时间里，最为引人注目的现象是，具备互联网特征的新经济开始崛起，并逐步成长为这个时代最具颠覆性和统治力的商业力量。

当中国逐渐成为世界制造业中心，被冠以“世界工厂”之后，中国的产业格局并没有龟缩于低端制造业一隅，而是沿着产业链、价值链进行纵向扩张，进入高技术领域演进。

典型企业：

地产及相关行业：万科、万达、恒大、碧桂园、绿地、融创、顺驰、SOHO 中国、红星美凯龙、尚品宅配等

汽车及相关行业：吉利、奇瑞、比亚迪、长城、力帆、亚星、铁牛、青年、福耀玻璃、万丰奥特等

酒店行业：如家、7 天等

资本运作企业集团：德隆、涌金、明天等

巨型央企：中石油、中石化、中移动、中国电信、中国网通、中船工业、中国兵器工业、中电投、大唐电信、人保财险等

互联网企业：新浪、网易、搜狐、腾讯、阿里巴巴、百度、盛大、携程、京东、当当、奇虎360、分众传媒等

在某地方卫视关于汽车行业的一档节目中，汽车行业的各路诸侯几乎悉数到场，寒暄过后，这些财大气粗的大腕们纷纷谈到了自家品牌在潮流设计、技术、资本、国际化等方面的优势特点。轮到李书福发言时，这个其貌不扬、中等身材的南方人一开口便语惊四座，他说："造汽车嘛，我看也没什么了不起，不就是四个轮子加两个沙发嘛！"主持人听了随口调侃道："原来吉利的车就是这么造出来的。"举座哗然，满堂哄笑，唯有李书福神态安然，风轻而云淡……

人们大抵不会想到如今将沃尔沃收入囊中，跃居奔驰母公司戴姆勒最大股东，更是中国汽车行业举足轻重之标杆人物的李书福，在一开始打算造车的时候经历了怎样的困厄艰险。

让我们回到 20 年前的 1998 年 8 月 8 日上午 8 点，浙江临海吉利豪情汽车工业园，李书福打造的第一辆两厢轿车"吉利豪情"下线。这辆车远看像奔驰，近看像夏利，发动机是丰田 8A，变速箱则由菲亚特公司生产。不管怎么说，中国民营企业的第一次尝试终于有了阶段性成果，不过尴尬的是李书福先前满怀期待发出的 700 多张请柬，竟如泥牛入海没有一点回音。有些好事的媒体还不忘添油加醋地描述"李书福摆了 100 桌酒席，结果空了 90 多桌"。

无奈的李书福只好专门给当时的浙江省副省长叶荣宝发出邀请，因为这位领导一直想在浙江建立整车制造厂，所幸叶副省长真的来了，于是其他市县级领导才闻风而动跟着登门捧场。

出师不利的豪情汽车的麻烦才刚刚开始，在随后吉利集团召开的全国订货会上，各地经销商围观一番并不感冒，结果一辆也没有卖出去。最后，第一批豪情汽车只生产了100多辆，因为质量问题，大部分还被愤愤不平的李书福用压路车销毁了。

损失惨重的李书福并没有气馁，他果断辞退了一批手艺不好的老工人，重新招聘高素质的职员，严把质量关，重整旗鼓。1999年11月，新的豪情汽车投放市场，卖了近2000辆，数目虽然不多，豪情汽车却以2.99万元的超低价举着吉利“造百姓能买得起的车”的大旗，从此杀进了中国汽车产业。

吉利以低价优势一路过关斩将，李书福也被人们称为“汽车疯子”，他就像一条鲶鱼，搅活了中国汽车产业这潭死水。2000年吉利又推出了一款车型——吉利美日，2001年吉利豪情的三厢版车型优利欧下线，在这一年年底，吉利豪情和美日的四款车登上国家经贸委发布的中国汽车生产企业产品公告，自此吉利成为中国首家获得轿车生产资格的民营企业。

此后，吉利的发展颇有些势不可挡，2003年总部迁至省会杭州，同年首批吉利轿车出口，2005年港股上市，2006年收购伦敦某出租车公司……

20世纪90年代中期以后，中国相继经历了亚洲金融危机、加入WTO等重大历史事件，中国企业也迎来了国内产业升级、加速城市化建设以及全面对外开放的浪潮。此时，随着国内商业生态日趋繁荣，更多的标杆企业勃然兴起。像吉利这样成功拥抱产业发展浪潮，摸索出经典商业模式，赢得新一轮发展机遇的企业不在少数。

以“城市综合体”席卷全国的万达集团就是其中一例。今日，以“万达广场”为代表的城市综合体已屡见不鲜，甚至成为各大城市综合竞争力评估的基础构成。人们置身其中休闲购物，打发时间之余，或许不知道应有尽有的万达广场并非一日建成。

故事还得从头说起。1998 年，以“结束福利分房”等政策为标志，商品房改革开启，地产的“黄金时代”大幕拉开。来自东北大连的万达也不遗余力推进跨区域发展，迅速布子重点城市进行大规模住宅开发。借助中国住宅市场井喷的行情，短短两三年万达就已规模过百亿，项目遍布数十个城市，实现了从地方品牌到全国品牌的蜕变。

2000 年前后，王健林意识到住宅开发只能靠出售物业挣钱，品牌价值有限，资产增值更是与己无关。于是，他萌生了投资商业地产的想法，商业地产既可以出售获利，又可用出租或其他经营方式获得长期的利润回报，万达要用住宅地产和商业地产两条腿跑步。

说干就干，商业地产项目快速上马。然而，由于初期的万达广场中，商业设计尚未成熟，协同效应难以发挥，万达这艘巨轮出海不久就“触礁”了。当时，沈阳的万达广场由于设计缺陷导致商铺的经营很不理想，远低于预期的回报率使业主们怨声载道，他们索性把万达告上法庭。三年里的 222 场官司给万达敲响了警钟。

经过数年的摸索，到 2005 年，万达的“城市综合体”横空出世，这些选址在城市中心地区或具有城镇化潜力地区的庞然大物，不仅包含自持运营的购物中心、豪华酒店，还有多种多样的销售物业，如写字楼、公寓、商铺、住宅之类。

住宅开发之外，规模巨大、业态完整的商业地产产业链，使万达获得了绝对的市场优势。一时间，商家争相入场，地方政府也热烈响应，承诺提供优质地皮资源吸引万达入驻。低成本拿地和预售制度缓解了大规模投资带来的现金流紧张问题，加速了其在全国各地的扩张步伐，万达遂顺理成章地迅速长大。

王健林的工作行程表曾被曝光，他的勤奋自是不必多说，但是具体到万达这家房企，正是其在中国城市化的进程中踩准了关键的历史节点，才能春风得意，赫然崛起。

在 1998 年之后的全面景气时代，如果说整个中国如同一顶璀璨发光的皇冠，令世界为之瞩目的话，那么互联网行业正是皇冠上的明珠。当前中国互联网最重要的超级巨头几乎全部诞生在 1998 年的第二季度到 1999 年的第四季度之间，这段时间堪称中国互联网的“群星闪耀时”。

1998 年 4 月，张朝阳团队完成了中文搜索系统的开发，成立了搜狐公司；6 月，刘强东在中关村创办京东公司；同年，人在广州的丁磊，把网易从软件销售公司变成了门户网站；11 月，盛大网络在上海成立；12 月，王志东回国，成立新浪网；1999 年 3 月，马云用仅有的 50 万元创办了阿里巴巴；11 月，马化腾、张志东、许晨晔、陈一丹、曾李青五位创始人共同创立腾讯。

那时的互联网世界简直“八仙过海各显神通”，今天，硝烟散去，阿里巴巴和腾讯从互联网行业一日千变的乱局中轰然崛起，构成了互联网行业双寡头的基本格局。特别是无孔不入的腾讯，有人戏称，当下中国人每天必做的三件事就是吃饭、呼吸、玩微信。

当然，微信的流行还是近几年的事情，微信之前，腾讯最火爆的产品当属QQ。1999年刚诞生时，QQ还叫OICQ，是对以色列人做的ICQ（即I SEEK YOU）的完全模仿。

QQ的成功有赖于腾讯小步快跑、不断迭代的产品研发逻辑。2002年，QQ群聊功能的开发，突破了原有的交流模式的局限。改变了网民的关系链和在线互动交流的方式，标志着社交网络概念在中国的出现，这比Facebook要早18个月。

稍后，QQ秀也闪亮登场，这一刻起，QQ从一个没有温度的通信工具，进化成为一个有虚拟人格、价值主张和族群规范的虚拟世界。对此，《腾讯传》这样总结道："在腾讯的历史，乃至中国互联网史上，QQ秀都堪称一款革命性的收费产品，它可以被视为全球互联网产业的一次'东方式应用创新'。腾讯不是这一创新的始作俑者，可是却让它获得了真正的商业上的成功。而比商业利益更有价值的是，QQ秀让腾讯与它的亿级用户建立了情感上的归属关系。"

陆续报到的还有Q币、QQ空间、QQ游戏、QQ会员……腾讯成功塑造了一个产品闭环生态、一个在线社交网络。

2005年马化腾提出了"在线生活"的新战略主张，把腾讯定位为"全方位满足人们在线生活不同层次的需求"的互联网公司，这意味着腾讯向全能性、生态型企业的重大转型。也是在这一年，腾讯QQ的注册账户数达到4.4亿，这个数字相当于美国和日本人口的总和。接着，马化腾高调宣布："中国的即时通信应用目前已经领先世界，即时通信的下一个发展阶段也将进入由中国领导的即时通信全面社会化的阶段。"

对于腾讯QQ为什么令国人欲罢不能，吴晓波曾这样解读道："中国社会历来是一个充满了压抑感的等级社会，它既表现在宗族的内部，也体现在公共社会层面，人们在现实生活中战战兢兢，缺乏宗教寄托的情感生活十分苍白和乏味。而虚拟社区的出现，如同一个突然出现的新世界，让压抑日久的人们可以戴着面具，实现一次不需要节制的狂欢，中国人在现实中的含蓄与在虚拟中的放纵构成了一个十分鲜明和讽刺性的反差。"

虚拟世界令人遐想无限，现实世界的故事亦十足好看。中国企业的"神武景气"一直持续到今天，吉利、比亚迪、长城等中国民营车企已全面进军世界；万达、万科、恒大、碧桂园等地产企业更是轮值"宇宙第一房企"；而腾讯、阿里巴巴、百度、京东、网易等互联网企业正在中国本土开创人类商业文明的新纪元。

改革开放40年百部企业案例图书
蓝狮子精选书单

王传福与比亚迪

相关企业：比亚迪　作者：李佳怡　出版社：浙江人民出版社　2008 年版

他，短短 7 年时间里成为饮誉全球的“电池大王”，并进军汽车行业，誓要成为汽车大王……它，短短 10 年时间内迅速成长为 IT 业及电子零部件的世界级制造企业，又成功进入汽车制造与销售领域，开始了民族自主品牌汽车的发展征程……“电池大王”造汽车，王传福是否疯狂？民族汽车振兴之梦，比亚迪能否实现？巴菲特为什么对比亚迪情有独钟？本书将带给你答案。

比亚迪真相：中国新首富背后的秘密

相关企业：比亚迪　作者：魏昕　廖小东　出版社：重庆出版社　2010 年版

比亚迪是与王传福相生的。如果说比亚迪非同凡响，其掌舵人王传福则被称为“技术狂人”。正是王传福，带领深圳比亚迪公司白手起家，13 年便建立了涉及电池制造、手机配套、汽车等领域，产值约 200 亿元的高端制造企业。而国际权威财富人物甚至预言：中国比亚迪是丰田汽车未来的真正对手，将在 2025 年前成长为全球第一大商用车制造企业。

恒大帝国之崛起——商业巨擘许家印

相关企业：恒大　作者：彭顺丰　方志远　出版社：广东经济出版社 2014 年版

仅仅十几年时间，一个庞大的地产帝国在中华大地上迅速崛起，它的名字叫恒大。伴随着恒大狂飙突进和成功上市，这个帝国的掌舵人许家印也登顶中国首富的宝座，成为“中国梦”的代表。除却地产主业外，许家印在体育产业、文化产业甚至民生产业方面屡出奇招，震惊中外。首富、首善、“枭雄”、“中国阿布”……无数的称号为许家印和恒大蒙上了神奇的色彩。本书深度剖析了许家印如何白手起家打造年销售额超过 1000 亿元的地产帝国，以及许家印如何从贫寒少年神速登顶中国首富的传奇人生。

恒大许家印：苦难是我珍贵的财富

相关企业：恒大　作者：郭宏文　徐亚辉　出版社：台海出版社　2017 年版

许家印是恒大集团董事局主席，在业界拥有“地产一哥”之称。许家印的人生经历，就像一场冒险之旅。他辞掉了国企车间主任的职位，南下打工做了一名普通的业务员。后来，他辞掉了鹏达公司董事长一职，创立了恒大。事实证明，他的选择都是正确的，但当时很少有人理解。他热心发展体育事业，为中国足球、中国排球引入“银狐”“铁榔头”等，打造强队为国争光。他在慈善的道路上也从不缺席，先后以个人和公司名义累计捐款 28 亿元，两次荣获“中国首善”称号。作为一名民营企业家，许家印一直都保持着极其旺盛的工作热情，默默地为国家、为社会做出自己的贡献。他正带领恒大集团致力打造行业一流企业，朝着“规模最大、队伍最优、管理最好、文化最深、品牌最响”的奋斗目标迈进。

我在碧桂园的1000天：以财务之眼看杨国强和他的地产王国

相关企业：碧桂园　作者：吴建斌　出版社：中信出版社　2017 年版

碧桂园前 CFO、执行董事吴建斌，填补财经书市场“碧桂园空白”，近距离还原你所不知道的杨国强和他的地产王国，场景式再现杨国强的商业智慧，看碧桂园如何由一家家族企业走上现代企业管理及大规模经营之路。

在这本书里，你将能看到：

1. 碧桂园独特的商业模式是怎样的？其优势与劣势分别是什么？

2. 碧桂园的经营理念受哪家美国企业的影响较多？又是如何在自己的经营中贯彻这种理念的？

3. 碧桂园是如何取得这么好的销售成绩的？

势在人为：绿地廿年进入世界五百强

相关企业：绿地　作者：屈波　郭建龙　出版社：中信出版社　2012 年版

本书真实记录了绿地集团从 2000 万到 2000 亿，从上海企业到世界企业的光辉发展历程，既全景式地对绿地集团 20 年企业管理实践进行了总结与提炼，也对其独特的发展方式和经营智慧做出了深入的思考与剖析，将为我国大企业发展崛起和国资国企深化改革带来新的启示。

永不止步：从“中国的绿地”到“世界的绿地”

相关企业：绿地　作者：钱跃东　王新宇　出版社：中信出版社　2017 年版

2012 年，成立 20 周年的绿地集团创造出 20 年资产规模增长万倍的奇迹，成功挺进世界 500 强，但同时，也开始遭受“经济新常态”的直接影响。

面对外部不利因素，以张玉良董事长为代表的绿地人秉承“永不满足、思变图强；永不止步、争创一流”的企业精神，积极筹谋转型。在 2012 年至 2017 年五年间，业已十分庞大的绿地集团从一家以房地产为主业的大型企业集团，转型成为持续做强房地产主业，同时加速发展“大基建、大金融、大消费”三个核心领域的多元化企业集团，并在四个产业板块中做出了各自的亮点。

此外，绿地作为早期就出海探索的房地产企业之一，其海外战略也颇具成效，异彩纷呈；更在这五年间，完成了资本市场“0”的突破，先后获得港股上市平台、实现 A 股整体上市、成功参与地方国企混合所有制改革。

绿地转型升级的五年，是自身“永不止步”企业精神的真实写照，也为新形势下的企业变革、国企改革提供了参照。

解读顺驰

相关企业：顺驰　作者：郑爱敏　出版社：当代中国出版社　2005 年版

“开连锁店卖房子，以百亿元领跑同行，以后来居上的姿态切入并迅速改写了中国房地产的版图；在分享中国城市成长价值的同时，也生猛地给行业重新洗牌。”

——2004 年末，顺驰从万科、上赛道、中国移动、国美等几个候选巨鳄企业中脱颖而出，荣膺由《新周刊》、新浪网、东方卫视等传媒主办的“2004 大盘点·中国年度新锐企业”。获奖评语如上。

近两年，到处攻城略地的顺驰“狼群”和他们的“头狼”——“地产黑客”孙宏斌，或许是最具争议和悬念的商业人物。他们是否会像德隆一样倒下去？能否继续超常规扩张，保持中国房地产业 NO. 1 的地位？它独特的商业模式和企业文化是否会再创造一个奇迹？本书将帮你解读这些悬念。

潘石屹：永远不做大多数

相关企业：SOHO 中国　作者：苏文　出版社：人民文学出版社　2004 年版

潘石屹从赤贫一跃成为亿万富翁的传奇听起来像是一个地地道道的“美国梦”，实际上，这只是中国经济建设过程中一个实实在在的“国产神话”。在别人眼里，潘石屹的成功也许意味着“幸运”，但在他身边人的眼里，这个传奇的背后却是他的勤奋和谋略。

《潘石屹：永远不做大多数》通过前总经理助理的视角和经历，全面而深刻的表现了一位著名民营企业家的成功之道，揭露了房地产的营销内幕，为众多企望成功的人士提供了许多可以借鉴和学习的蓝本。

成长：体验的智慧

相关企业：红星美凯龙　作者：车建新　钱庄　出版社：中国友谊出版社　2016 年版

30 年前，一个小木匠借款开了一家小小的家具厂；30 年后，他的企业已成为超级家居帝国。红星美凯龙创始人车建新的成长经历犹如一个现代商业童话。

在这本书中，车建新不断追寻自我认识倾听思维的声响，畅谈企业与人生的成长秘密，告诉我们如何体悟真正的智慧。

尚品宅配凭什么？

相关企业：尚品宅配　作者：段传敏　徐军　出版社：浙江大学出版社 2013 年版

云计算、个性化定制、免费设计……

看到这些词，你能想到这是一家从事家具制造的企业吗？

这就是尚品宅配，一家成立将近十年，每年依旧保持高速增长的企业。

它的商业模式，不仅受到业界的疯狂学习和模仿，并被互联网大佬阿里巴巴的高管推崇为“C2B 模式样板”，更是前广东省委书记汪洋眼中的“朝阳企业”！

一家制造企业如何与计算机与网络结缘，更与云计算这样的名词联系在一起？本书为您讲述尚品的故事，剖析它逆生长的商业模式。

此刻，揭秘尚品宅配。

汽车疯子李书福

相关企业：吉利　作者：郑作时　出版社：中信出版社　2007 年版

在李书福身上拥有太多的神奇故事，如果你不了解他，根本无从知晓他的思想何以如此，也因此故，在不同人眼里，他永远游离在“英雄”或“疯子”的两个极端。

另一方面，吉利的出现，与中国汽车工业发展的历史契机亦无法分开。在大浪淘沙的汽车时代里，即使不是李书福，也会有其他人出现——与他同时代的还有很多草莽英雄——但最后却是他站的最高，这里又拥有怎样的沙场厮杀历程？如果再往上追溯，将中国汽车放到中国经济的大环境里，又会是怎样一幅景象呢？李书福的第一桶金来源于何处呢……这些都是待解的谜底！

本书将是国内第一本全面解读李书福的财经读本。

新制造时代：李书福与吉利、沃尔沃的超级制造

相关企业：吉利　作者：王千马　梁冬梅著　何丹主编　出版社：中信出版社　2017 年版

本书创作团队历经三年进行全球调研与创作，采访吉利、沃尔沃高管数十人，全面描述李书福所领导的吉利控股集团“想造车”“学造车”“造好车”的三十年创业史，并首次公开吉利并购沃尔沃之后如何进行全球化经营的第一手材料，深入阐述李书福的全球化商业思维，以及东西方文化冲突与融合中的管理艺术与智慧。

对于剧烈转型中的中国企业而言，转型的关键在于人的转型，首要的是企业家的进化。本书清晰地折射出时代巨变背景下，李书福这一代企业家身上所呈现出的巨大撕裂感，我们从中可以看到他们的创新与进取，也能读出他们的反思与救赎。

奇瑞狂人尹同耀

相关企业：奇瑞　作者：雪柯　出版社：华夏出版社　2009 年版

本书中提出创业不需要什么条件，只要具有敢干的精神，从中国制造走向中国创造，成为民族汽车工业的翘楚，奇瑞精神给予创业者的启示就是：一定要拥有自己的品牌。我是中国人，我开奇瑞车，我最牛。

玻璃大王曹德旺

相关企业：福耀玻璃　作者：叶月草　出版社：浙江人民出版社　2011 年版

企业家首先要有人格，没有人格就很难成为企业家，中国话说："小成靠智，大成靠德。"

"现在全球经济危机，国家的困难才刚刚开始，一个国家最麻烦的就是分配不均，我希望我捐股份做慈善，能带个头，我想政府会支持的。我常说，事必躬亲的老板不是好老板，但你问我什么时候退休，我能退吗？我捐股份，同时也希望给改革开放培养出来的中国富豪和既得利益者带个头，大家都来做慈善。

佛家讲，布施有三种，一种是财施，像我这样的捐款，只是有钱人做该做的事情，功德最小。我现在接受宣传，是为了动员那些有钱的人。有人认为我带相布施很不好，那我就带相布施吧，我不死谁死？"

追梦人：陈爱莲与万丰奥特二十年

相关企业：万丰奥特　作者：郑作时　出版社：中信出版社　2014 年版

万丰奥特控股集团创立于 1994 年，如今是一家超百亿先进制造业的国际化集团公司，在中国、美国、加拿大、英国、印度、墨西哥等国家建有制造基地，涉足汽车部件、机械装备、金融投资、新能源新材料等领域，实现了多个行业细分市场的全球领跑，名列中国民营企业综合实力 500 强前列，是一家名副其实的"隐形冠军"企业。

本书记录了万丰奥特及其创始人 20 年的发展历程。作者实地走访，与当事人深入交谈，获得了众多鲜为人知的故事，并试图分析其高速发展并保持行业领先地位的秘密。"万丰人"不安于现状、不畏艰难、坚韧不拔的精神，为我们展现了一代民营企业家的精神，也为中国民营制造业的发展壮大树立了典范。

微笑力：如家创造卓越服务的方法

相关企业：如家快捷酒店　作者：汪若菡　朱瑛石　出版社：中信出版社 2010年版

112位如家员工，20位顾客，3位特许店业主，2位供应商，1位社区民警，2880份调查问卷，共同讲述如家服务精神和创造卓越服务的普遍原则。作为国内第一本以本土服务企业为案例，发现中国式服务文化的商业书籍，《微笑力》的两位作者对如家酒店进行了深入的调查研究。他们用大量来自一线员工的服务故事揭开了如家酒店保证高品质服务的秘诀。但是作者并没有将视野局限于如家，而是以丰富的案例和翔实的数据总结出了可供所有服务企业参考的普遍原则。书中提出了一个全新的概念——微笑力，即为顾客提供个性化卓越服务的能力。伴随这次阅读旅程，你不仅可以了解微笑力的奇妙，还能够学会如何让自己拥有微笑力，它将为你开启从未有过的体验之门。

从不竞争：7天连锁酒店自动自发成长法则

相关企业：7天连锁酒店　作者：林军　出版社：中信出版社　2010年版

这是一本讲述经济型连锁酒店7天的书，也是一本讲如何做一家快公司的书。7天连锁酒店是一家与速度赛跑的企业：自2005年3月开出第一家直营店以来，每年保持400%的增长，即便是遭遇金融危机后的2009年，这家公司的增长速度也超过100%，并成功登陆纽约证券交易所挂牌上市。短短4年，7天连锁酒店已成为中国经济型连锁酒店第一阵营品牌。所有这些，标榜自己“从不竞争”的7天连锁酒店是如何做到的？它有着什么样的独特管理方式？它的“从不竞争”理念到底是什么？它有着一支什么样的团队？它的成功经验对于行业来说有何可取之处？这正是本书所要告诉我们的。

曾经德隆

相关企业：德隆　作者：王世渝　出版社：新华出版社　2008 年版

王世渝作为中国最早的股份制改制、资本市场发展的参与者和德隆高管之一，以其亲身经历和多年的思考写了这本《曾经德隆》，非常难得。有实践、有理论的人和有实践、无理论或者有理论、无实践之人写出来的东西差别很大，世渝应该是有实践、有理论的这一种。这种感受、这种认识是一个不参与市场、不参与实践，只知道站在市场旁边对企业、对企业家指手画脚的人写不出来的。《曾经德隆》的用意很清楚，它是希望借德隆事件让中国去思考用什么方式来造就中国的大企业和强大的金融业。中国改革开放三十年了，国有企业改革从松绑扩权、两步利改税、企业承包到股份制也有二十多年了；中国的民营企业从个体户、前店后厂到参与各行各业，占有市场经济半壁江山也有近三十年了；中国金融业从银行体制改革、资本市场的创立发展也近二十年了。我们希望更多各行各业的参与者、实践者都拿起笔来，追忆过去、总结历史、关注现实、警示未来，将中国的改革开放进行到底。

解构德隆：唐万新启示录

相关企业：德隆　作者：唐立久　出版社：浙江人民出版社　2011 年版

本书作者跟踪德隆及创办人唐万新近 20 年，对德隆的成长史，做了近距离的、较为全面的描述，特别是对唐万新的创业起源、德隆系的复杂架构以及德隆模式的独特运作均有清晰和深刻的解读。自 2000 年以来，作者每年均与唐氏兄弟有高密度沟通，为创作本书更是探访数十位曾任职于德隆的高管和顾问，收集并整理上千万字素材，以求真实反映德隆的兴衰之路。

本书不是简单地就德隆进行分析，而是超越德隆，从其领导人唐万新的身上找寻企业成败的基因，系统地就德隆往事、德隆制造、德隆败因、德隆警示进行叙述，全面地将德隆的发展史、引发的“概念运动”制造、失败的成因、给中国民营企业的警示合成一览，较为真实、客观和公正地评价德隆及唐万新的成功经验和失败教训，从而给更多的中国民营企业以启发。

新浪之道

相关企业：新浪　作者：陈彤　曾祥雪　出版社：福建人民出版社 2005 年版

中国网络新闻传播业经过第一个十年历程，网络新闻已经成为中国人生活中一个日渐重要的元素，新浪在虚拟世界中创造了一个具有现实能量的神话，影响已经远远超出了国界。新浪网成为全球知名的门户网站，之中奥秘是很多人希望知道的。陈彤作为成功媒体的领军人物、中国网络新闻传播拓荒时代的重要代表之一，将自己探索互联网新闻传播规律的经历和体会奉献给大家，对新浪新闻的操控理念和操控方法做了深入细致的解析，无论对于今天还是明天都具有很高的价值。

马化腾的腾讯帝国

相关企业：腾讯　作者：林军　张宇宙　出版社：中信出版社　2009 年版

本书作者通过对包括马化腾在内的多名腾讯员工，马化腾的成长伙伴、前友人、前同事、多位师长辈，腾讯合作伙伴、投资人等上百人的采访及对腾讯发展历史的全面梳理，客观、实际、权威地为我们解读了马化腾是一个什么样的人，他和我们到底有什么不同？他是如何将 QQ 催生、养大以及做大、做强，称霸一方的？他在腾讯公司的创办过程中到底做过哪些重大决策，这些决策是怎么物化成产品，这些产品又是怎么形成和出台的？有哪些事情是马化腾不愿意去面对和描述的，但却是我们应该知道的。

企鹅凶猛——马化腾的中国功夫

相关企业：腾讯　作者：薛芳　出版社：华文出版社　2009 年版

本书试图从腾讯公司的诞生、成长、自卫战和反击战等几个层面，展现了昔日的“丑小鸭”羽化成“白天鹅”的艰难历程，试图从中国互联网十年的历史视角去展现腾讯的发展，以腾讯为主角，围绕腾讯的成长历史和多元化历史，全面展现本土互联网企业的别样化生存态势。

X 光下看腾讯

相关企业：腾讯　作者：蓝狮子　出版社：中信出版社　2011 年版

一场 3Q 大战把一度为中国市值最高的互联网公司——腾讯推到了风口浪尖上，也因此掀起了关于互联网行业生存业态的讨论。在互联网高速发展的同时，很多问题也暴露出来，互联网行业正处于变革的前夜。名为“诊断腾讯”的论坛邀请了来自互联网、政法、新闻、学界等 70 多位专家和意见领袖，望闻问切，从公众责任难题——“公众美誉度”、行业责任难题——“垄断与开放”、责任难题——“山寨与创新”三个角度，通过给互联网领军者腾讯把脉，分析了整个互联网行业已经或者即将遇到的问题。

近百个问题激烈碰撞，结合了专家的观点、资历媒体人的观察以及腾讯内部的反思。

问腾讯也是问整个互联网。

小 QQ 大帝国：马化腾传奇

相关企业：腾讯　作者：熊江　出版社：中央编译出版社　2013 年版

腾讯是中国最大的在线互联网服务平台，横跨聊天、电子商务、搜索引擎、门户、游戏等多个领域，几乎涉及互联网的方方面面。

本书介绍了企鹅帝国腾讯的掌门人马化腾的创业、守业、开拓经历，并阐述了他的领导风格。

看马化腾如何吃透年轻人的特点，极富创意地把增值的娱乐无缝地融合在免费的聊天上。QQ 成功地从单纯的聊天软件转型为娱乐平台，沉淀了数亿的忠诚用户，成了世界上最大的聊天软件，成了中国第一大众娱乐品牌，而马化腾又是如何把小 QQ 打造成大帝国，成就一个堪称奇迹的商业现象呢?

腾讯传

相关企业：腾讯　作者：吴晓波　出版社：浙江大学出版社　2017 年版

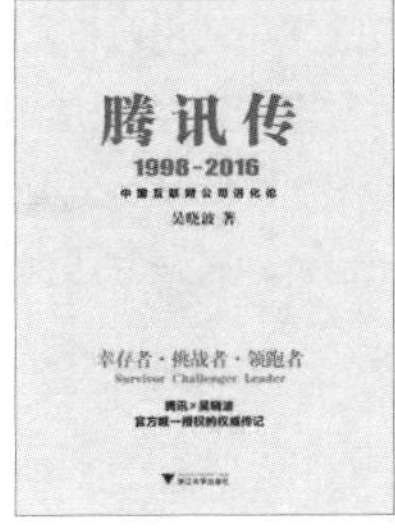

本书全景式地记录了腾讯崛起的经历，并以互联网的视角重新诠释了中国在融入全球化进程中的曲折与独特性。

从 1998 年开始创业到成为世界级互联网巨头，腾讯以即时通信工具起步，逐渐进入社交网络、互动娱乐、网络媒体、电子商务等领域，在超高速发展的同时亦饱受争议，在“3Q 大战”的激烈冲突之后又进一步走向开放……腾讯的发展路径，亦是中国互联网企业成长的缩影。我们可以看到，中国的互联网人在应用性迭代和对本国消费者的行为了解上，找到了自己的办法，并开始领跑全球。

读懂腾讯，读懂中国互联网。

阿里巴巴:天下没有难做的生意

相关企业：阿里巴巴　作者：郑作时　出版社：浙江人民出版社　2007 年版

本书是一本全面描绘阿里巴巴公司状况的著作——告诉你中国互联网公司的成长历程；系统阐述全球电子商务网站的赢利模式；独家解密互联网战争中鲜为人知的故事；权威揭示“阿里巴巴”成为世界上最大的网上交易市场的战略方法。

阿里巴巴正在改变全世界做生意的方式，正在帮助全世界企业在互联网时代实现 WTO 的梦想！本书以真实的笔触介绍了阿里巴巴形成和成长过程中的点点滴滴，并对阿里巴巴的未来做出一定的推测，让我们一起跟随郑作时的文字进入真实而神秘的阿里巴巴的世界吧。

淘宝网：倒立者赢——淘宝战胜 eBay 的传奇故事

相关企业：阿里巴巴　作者：沈威风　出版社：浙江人民出版社　2007 年版

淘宝，是可称为“中国土产”的互联网公司阿里巴巴打造的年轻人为主体的公司，它击败了投资一亿美元在中国进行推广的易趣，在市场上将曾经是市值最大的互联网公司易趣（eBay）的中国业务远远地抛在后面。确实堪称蚂蚁雄兵击败大象的经典商业案例。

阿里巴巴：马云和他的 102 年梦想

相关企业：阿里巴巴　作者：邓肯·克拉克　出版社：中信出版社 2016 年版

书中既可以读到阿里巴巴艰辛的创业历程、惊心动魄的商业对垒，也不乏有趣好玩儿的背后故事。作者多年在中国生活的经历，加上投资银行、咨询公司的工作背景，使得这本书的切入角度独特新颖，为我们呈现了一个更为立体的阿里巴巴：马云用不到 20 年的时间从默默无闻的英语教师成为中国屈指可数的商界巨擘，他成功的秘诀在哪里，创业过程中有哪些问题也让他苦恼不已？从创办翻译社到建立中国黄页，从搭建 B2B 平台、成立淘宝、打败 eBay 再到 IPO 打破历史纪录，阿里巴巴是如何做到的，阿里模式可以复制吗？在创造奇迹、众人瞩目的背后，有哪些我们忽略的细节？当不断有问责声出现之时，马云背负着怎样的压力，事情的真相是什么？资本市场的游戏，谁才是真正的赢家，在创业时马云是如何融资并处理与投资人的关系的？阿里巴巴的触角伸向了越来越多的行业，它搭建的庞大生态系统是否还能一如既往地所向披靡……作者作为中国经济飞速增长时期的见证人，以宏观角度将人物、事件置于中国的时代大背景下，辅以生动的细节和客观冷静的解析，让人读起来醍醐灌顶、畅快淋漓。

马云的经营哲学

相关企业：阿里巴巴　作者：孙世阳　出版社：北京联合出版社　2016 年版

本书立足于现代企业管理理论与实践，对阿里巴巴近 20 年的创业历程、发展路径及商业逻辑进行了客观翔实、系统全面地剖析，从梦想、坚持、机会、领导力、战略、经营、管理、创新、竞争、态度、使命感、价值观等 12 个方面入手，深度揭示了马云的经营哲学与管理智慧，以“语录 + 案例 + 总结”的形式，具体阐述了在这个风云变幻、竞争激烈且极具颠覆性的商业环境下，组织管理中存在一些偏见和盲区，向我们揭示了管理的真相与本质。

阿里铁军：阿里巴巴销售铁军的进化、裂变与复制

相关企业：阿里巴巴　作者：宋金波　韩福栋　出版社：中信出版社 2017 年版

一支如此彪悍、具有如此超强执行力的队伍是如何塑造出来的？他们强大的销售能力来自何处？他们铁一般的团队凝聚力来自何处？马云如何培养和带领这支队伍？阿里价值观和六脉神剑，如何在这支队伍中运用并强化……本书深度采访了众多阿里和铁军的重要人物，从马云，到一线的员工，从阿里内部，到离开铁军如今在互联网呼风唤雨的其他人物，并依据大量全新的一手资料，展现阿里铁军的人事物及其演变，展示他们如何用阿里的价值观和铁的纪律打造一个互联网天团，成为日后马云口中的中国电商“黄埔军校”，让阿里铁军的文化和执行力进化、裂变与复制……

李彦宏的百度世界

相关企业：百度　作者：程东升　出版社：中信出版社　2009 年版

本书是一本全面、真实、客观的百度正史，作者采访了李彦宏及其团队里的所有关键人物，以第三方的角度，全方位、近距离记录了百度的成长历程。该书深入探究了百度令世人瞩目的发展背后的成长基因，多角度剖析了百度独特的商业模式、企业文化、技术研发与资本运作，通过百度这个最具代表性的中国互联网企业，以一个企业为基点，记述了波澜壮阔的中国互联网发展史。

壹百度2：人生可以走直线

相关企业：百度　作者：朱光　出版社：江苏文艺出版社　2010 年版

本书以百度公司内部的内宣材料为基础，将百度文化和理念的精髓提炼成简单、通俗的29条法则，这些法则对每一个初入职场的人都具有很强的指导意义，对很多公司的管理和文化养成也有借鉴的价值。

盛大传奇：陈天桥和他的“蓝海”之路

相关企业：盛大　作者：张路　吴比　出版社：中信出版社　2007 年版

现年34岁的陈天桥出现在这些榜单上：“胡润百富榜”：2004年，第2名，财富88亿元；2005年，第3名，财富117亿元；2006年，第12名。财富53亿元。《福布斯》中国富豪榜：2004年，第3名：2005年，第9名。《新财富》内地500富人榜：2005年，榜首，2006年，第12名。《南方周末》“中国内地人物创富榜”：2005年，榜首。陈天桥，曾经是中国最年轻的首富，也是一位颇受争议的企业家。他曾因成功地开辟网络游戏产业而迅速成为亿万富翁，也曾在企业转型的过程中陷入困境；他慷慨解囊，为慈善事业一掷千金，却也因为网络游戏背负骂名。但不管怎样，他的经历、他的思想，对所有追求财富梦想和怀抱创业志向的人来说，都是一个很好的启示。盛大值得我们去研究，陈天桥值得我们去书写。在这个浮躁与功利横行的年代，陈天桥的故事对“蓝海战略”做出了辩证的解释。如今，陈天桥的梦想是打造中国的“网络迪士尼”，原本风平浪静的生活，会再一次因为梦想而变得波澜壮阔。盛大会发展得如何？陈天桥是否会实现他的梦想？让我们拭目以待。

追梦人陈天桥

相关企业：盛大　作者：刘立京　出版社：现代出版社　2009 年版

《追梦人陈天桥》的主人公陈天桥，盛大网络发展有限公司首席执行官。1990 年于复旦大学经济系学习，并以优异的成绩提前一年完成学业。毕业后，在上海陆家嘴集团历任该集团下属公司的副总经理、集团公司董事长秘书等职务。1999 年创办上海盛大网络发展有限公司，并担任执行董事兼总经理职务，全面主持公司发展战略规划和业务运营，被国外媒体称为“中国互动娱乐业第一人”。

2001 年，盛大网络宣布正式进入互动娱乐企业，并先后代理运营了《传奇》《新英雄门》《疯狂坦克》等多款大型网络游戏。在陈天桥的带领下，盛大成为世界上拥有最多同时在线用户数的网络游戏运营商，目前的注册用户近 6000 万人，同时在线人数超过 60 万人，实现月平均销售额数千万元，在中国的市场占有率达到 65% 以上，成为中国互动娱乐产业的领军者。

第一团队：携程与如家

相关企业：携程　作者：朱瑛石　马蕾　出版社：中信出版社　2008 年版

在美国接受教育并且工作多年的沈南鹏、梁建章，与接触过国外文化的民营企业家季琦、国有企业管理者范敏，构成了中国企业史上的一个奇妙组合。

在这个组合里，没有“皇帝”，也没有“大哥”；他们虽有同学之谊、朋友之情，但性格、爱好迥然不同，经历各异；他们创立的携程和如家虽然经历了多次高层人事变更，却从来没有发生过震荡，都在纳斯达克成功上市，并且一直保持着优异的业绩；他们为中国企业树立了一个高效团队的榜样，最终获得了共赢的结局。

本书忠实记录了从 1999 年携程创立开始，四个创业者如同接力赛一般，在企业发展的不同阶段分别领跑，各自发挥所长，完成属于自己使命的过程。这既是一段精彩的创业故事，也是一场绝妙的共赢游戏。

创京东：刘强东亲述创业之路

相关企业：京东　作者：李志刚　出版社：中信出版社　2015 年版

作为一个曾经不受行业欢迎的“搅局者”，京东彷徨过，焦虑过，甚至四处碰壁。历经外界的不断质疑，京东最终成为互联网 + 的成功实践者。这其中的不断创新、突破，乃至颠覆，为传统行业的企业转型升级提供了经典的范本。

这是刘强东和京东人首次向外界系统地阐述这 10 多年的成败得失和发展逻辑。《创京东：刘强东亲述创业之路》作者采访 258 位相关人士，收集了 400 万字的原始素材，不避讳，不粉饰，从京东的偶然触网，到毅然转型，用一个个真实、鲜活的故事，讲述京东如何持续保持创业的激情，保持团队的凝聚力和强大的执行能力，在与互联网的磕碰磨合中坚决前行、不断壮大。

刘强东自述：我的经营模式

相关企业：京东　作者：刘强东　出版社：中信出版社　2016 年版

1998 年，京东还只是中关村一个经营光磁生意的小柜台，月营业额仅有几万元，如今则已经成长为中国营收规模超大的互联网企业，2015 年全年营收 1813 亿，总交易额达到 4627 亿元；

为解决电商“最后一公里”的痛点，创立并自建 B2C 物流模式；

经常被争议，却始终坚持“不挣快钱”，选择上市不是因为“缺钱”，只为让合作伙伴睡得着觉，为用户和社会创造价值，由此成就让整个华尔街一片京东红的企业；

与腾讯达成战略合作，抢占移动互联网时代的电商制高点。

所有这些曾经令人不解的“故事”，京东创始人刘强东在《刘强东自述：我的经营模式》中都做了诚恳的讲述。作为实战派的企业家，刘强东拒绝堆砌辞藻，往往在简单文字间，道出互联网公司在经营方面值得借鉴的“干货”。

拒绝平庸：周鸿祎和他的创士记

相关企业：奇虎 360　作者：李正曦　出版社：中信出版社　2013 年版

本书深度披露了周鸿祎的成长经历，详细讲述了周鸿祎人生至今的关键阶段和关键事件，包括：在高中阶段梦想锁定计算机，在大学时身陷“病毒门”和两次创业，毕业后与雷军擦肩而过进入北大方正，创立带来巨大财富又招致滔天非议的 3721 网络实名，短暂蛰伏之后重出江湖创立奇虎 360，以及与腾讯、百度大战的台前幕后。

书中还总结了周鸿祎的创业逻辑与经营思考。作为一个初创企业，最重要的是什么？在一个巨头环伺的市场，如何把握机会？什么是柔道战略？什么是颠覆式创新？免费策略如何运用？奇虎 360 是如何看待腾讯，如何看待百度？奇虎 360 的愿景是什么，竞争对手到底是谁，如何能一步一步实现梦想？

周鸿祎自述：我的互联网方法论

相关企业：奇虎 360　作者：周鸿祎　出版社：中信出版社　2014 年版

在很多方面，周鸿祎都是互联网领域的颠覆者。他重新定义了“微创新”，提出从细微之处着手，通过聚焦战略，以持续的创新，最终改变市场格局、为客户创造全新价值。他第一个提出了互联网免费安全的理念，也由此让奇虎 360 拥有了超过 4 亿的用户。

在《周鸿祎自述：我的互联网方法论》中，周鸿祎首次讲述了自己的互联网观、产品观和管理思想，厘清了互联网产品的本质特征和互联网时代的新趋势，列举了颠覆式创新在现实中的实践和应用。《周鸿祎自述：我的互联网方法论》首次解密 360 的产品秘籍和盈利模式，同时，针对目前传统企业的互联网转型焦虑，也提出了一套系统解决方案。

分众的蓝海

相关企业：分众传媒　作者：刘世英　出版社：中信出版社　2008 年版

本书的主人公是一个拥有近 6.9 亿美元身价，却追求纯美爱情的 33 岁单身男人；一个最大兴趣是编写浪漫唯美诗歌，但也能在商界呼风唤雨的成功 CEO。这不是一个小说虚构的人生，而是真实的现实人生。

二、跨国企业：与中国的全面拥抱

2001 年，中国加入世贸组织，这标志着中国与世界逐渐走向全面接轨，并在日后渐渐改变了中国在世界经济格局中以“三来一补”为主的“低成本制造工厂”的定位。由于关税门槛被降低甚至取消，垄断性领域渐次开放，跨国公司开始从竞争性领域进入垄断或准垄断领域。此外，中国消费市场继续快速崛起和技术迭代引发的行业变迁，也给一些消费类和新技术类的跨国公司带来机会。

典型企业：

金融行业：汇丰、花旗、友邦、渣打、高盛、摩根士丹利、摩根大通、德银、瑞银、淡马锡、美国国际集团等

大消费行业：沃尔玛、家乐福、乐购、乐天、711、无印良品、宜家、星巴克、优衣库、ZARA、迪士尼、时代华纳、皮克斯、美泰等

互联网新技术：苹果、谷歌、亚马逊、卓越、eBay、Facebook、Youtube、Twitter 等

20 世纪 90 年代后期，囿于亚洲金融危机的余波，国企改制的阵痛，以及中国宏观经济的周期性调整，巨额的银行不良资产一度成为中国政府的心头之患。在自救无力的情形下，寻求外资进行共同处置就成为一个次优选项。

时任中国证监会主席的周小川向国际投行界放出口风，希望国际投资银行以“买门票”的方式进入中国，即邀请国际投资银行帮助国内证券公司处置其的部分不良资产，然后允许它们提前进入中国证券市场。然而，面对中国的巨额不良资产和中国金融监管层发出的合作信号，几乎所有的国外投资机构都作鸟兽散。

关键时刻挺身而出的只有高盛。2001 年年底，高盛以现金加合作经营的方式购买了中国华融资产管理公司账面值为 19.72 亿元的资产包。在吃下了第一笔不良资产的 10 个月之后，高盛又从中国长城资产管理公司的手中收购了 80 多亿元人民币的不良资产。后来，高盛又与中国工商银行建立处置不良资产的战略性伙伴关系，双方约定建立合资企业以共同投资工商银行内部 80 亿至 100 亿元人民币的不良资产……

这头“华尔街巨鳄”怎么会如此古道热肠，为中国人民雪中送炭？其实司马昭之心路人皆知，相对于其他国际投行的短视，高盛是颇能隐忍的。为了打入中国金融市场，它不惜通过收购中国银行的不良资产，向中国决策者献出了自己的“投名状”，从而换取进入中国市场所需的各项政策支持。

寻求更多的人脉关系进而打通商脉的策略总是屡试不爽，高盛因此撬开了中国市场，虽然这对高盛来说有点漫长，高盛却在中国决策者面前显示了自己的真诚和靠谱。

而后，就是以何种方式介入中国市场的问题了。2004 年 12 月，中国证监会批准高盛与北京高华证券有限责任公司合资成立高盛高华证券有限责任公司。根据《外资参股证券公司设立规则》（2002 年中国证监会颁布）的规定：境外股东持股比例或者在外资参股证券公司中拥有的权益比例，累计不得超过 1/3。高盛名义拥有合资公司 33% 股权，高华拥有 67% 的股权。不过，高华证券 6 个自然人出资 8.04 亿元形成的 3/4 的公司股份均来源于高盛公司的商业贷款。通过如此巧妙的财务安排，高盛绕过了相关政策的硬性约束，成为首家绝对控股中国内地合资证券公司的海外投行。高盛从此可以在中国开展本土 A 股上市业务、人民币企业债券业务、可转换债券业务以及，提供国内金融顾问服务以及其他相关服务。

事实上，与其他同行相比，高盛本是中国市场的姗姗迟来者。日本野村证券 1973 年开始拓展中国金融和投资业务，摩根大通 1980 年在北京设立了代表处，而高盛 1994 年才正式进驻中国市场。

但是，高盛却是第一家获得上海证券交易所 B 股交易许可的外资投资银行，是首批拥有合格境外机构投资者（QFII）资格的外资机构之一，也是唯一一家作为主承销商全程参与中国政府主权美元债务海外发售项目的国际投行……

2001 年以后，随着加入 WTO，中国对于外资的限制大幅减弱，跨国企业加速抢占中国市场的计划，相比高盛此类涉及中国金融安全的大型国际投行，日本优衣库踏足中国大陆的步调要顺利许多。

2002 年优衣库正式进军中国，在上海南京路开了第一间店铺，这比知名服装品牌 H&M 和 ZARA 进入中国市场提早了四到五年。在时装品牌领域，如果把 GAP 等“将休闲服大众化作为卖点”视为第一代，把“融入时尚元素”的 ZARA 与 H&M 视为第二代，那么注重服装性能、面料以及服饰搭配的优衣库则是第三代。

优衣库刚进入中国市场时，与日本定位一致，均为“大众品牌”。但是，由于当时中日大众群体收入差异较大，这一定位将优衣库价格严重拉低。因此，中国市场产品面料的标准必须全部降低，使得其产品品质与日本市场差距明显，这些改造过的低价商品并未获得中国消费者认同。

几经周折，优衣库决定迎合中国消费升级的趋势，确立以中国新中产阶层为目标消费群体，迅速改头换面，并承诺伦敦和东京优衣库能买到的商品在中国境内的店铺都能买到。虽然产品价格比过去上涨了，品类与质量却实现了与国际接轨。幸运的是，实验成功了。重新定位后，优衣库销量大涨，随即展开大张旗鼓地扩张。今天，优衣库无疑已成功俘获无数中国年轻男女，他们势必参与并见证优衣库的世界知名服装品牌之梦——据称，优衣库在中国的店铺数最早将在 2020 年超过日本。

好风凭借力，外资涌入中国的大浪潮中，许多跨国企业都分得了巨大的蛋糕，迎来二次发展。却也有些企业水土不服，最后折戟沉沙，黯然溃败。

如今与腾讯双雄并立的阿里巴巴集团，其核心级产品——风靡大江南北的淘宝曾在幼小之时，需遭遇过外资对手的毁灭性打击，这个对手就是大名鼎鼎的 eBay。2004 年，eBay 与中国当时的三大门户网站——新浪、搜狐和网易签署排他性协议，来封杀淘宝等对手在其网站上做广告。强龙难压地头蛇，淘宝转而寻求大量中小网站资源，依靠中小网站联盟的推广，以蚂蚁雄兵策略争取到大量新用户的加入，结果反倒另辟蹊径，绝处逢生。当然，这是后话。

eBay 于 2002 年通过收购易趣进入中国，并一度占据中国 C2C 市场 80% 份额。当时 eBay 的 CEO 惠特曼信誓旦旦地保证“中国市场 eBay 必须拿下”。

eBay 全资收购易趣后的工作重心是完成易趣与 eBay 美国平台的对接，例如将服务器搬到美国并将网站风格改成 eBay 的全球统一模式，但这种改变马上就引起了老用户的反感。在战略调整上，易趣需要层层向上级汇报工作而反应迟钝，比如在对店铺的收费制度上，eBay 坚持收费模式，宣称“免费不是商业模式”。淘宝借此机会推出的免费模式，马上受到了卖家的欢迎。紧接着腾讯和当当也推出了 C2C 拍卖，其共同特点就是免费。事实证明免费模式在当时更适合中国国情，在中国本土公司的迅猛冲击之下，eBay 的应对却非常迟缓。eBay 于 2005 年 5 月才第一次调整相关费用制度，又于同年 12 月和来年 1 月再次下调费用。

事后马云对此评价说：“如果在一年半前，易趣采取免费策略，淘宝的日子就没这么好了，但现在淘宝气势来了，易趣就没有机会了。”

2005 年，易趣的市场份额被挤到 24% ，并且每况愈下，一路下滑到个位数，最终 eBay 只能选择把公司转手出让，彻底退出中国 C2C 市场——自此之后，淘宝环顾左右已无对手，自谓“风清扬”的马云当真可以独孤求败了。

说到底，庞大的中国市场仍然具有其独特性，蜂拥而至的跨国公司并非只是奔赴一场狂欢的盛宴，可以坐享其成。倘若缺乏对中国国情的深入理解，对中国消费者需求的充分研判，难免有“不接地气”之虞。从来，本土化乃企业国际化过程中首当其冲的核心命题，跟中国打交道，也不例外。

狮子银行:百年汇丰传记

相关企业：汇丰　作者：[英] 戴维·凯纳斯顿　理查德·罗伯茨
出版社：中信出版社　2015 年版

本书不仅讲述了汇丰银行的现代历史，它更反映出在全球化时代国际主要银行在应对一系列外部挑战时的艰难历程：香港主权的回归，金砖国家的快速崛起，中国展现出令人惊叹的改革发展速度，这些变化以及更多的挑战，都贯穿于汇丰银行的发展之中，并对它产生了深远的影响。

沃尔特· 瑞斯顿与花旗银行

相关企业：花旗　作者：菲利普·L. 茨威格　出版社：海南出版社　1999 年版

本书描绘了一个目光远大的人如何爬上庞大却又缺乏生气的第一国民城市银行（后易名为花旗银行）的头把交椅，如何着手重建自己的机构乃至美国和全球的银行金融业的经过。在本书的著述过程中，作者菲利普·L. 茨威格走访当时的许多风云人物，包括前总统杰拉尔德·福特、前国务卿乔治·舒尔茨和亨利·基辛格、前财政部长康纳利、西蒙和里根、前联邦储备委员会主席威廉·米勒和保罗·沃尔克以及瑞斯顿本人，具有极强的可读性。

让世界为你打工：花旗集团前 CEO 桑迪·韦尔传

相关企业：花旗　作者：李娟　出版社：山西经济出版社　2011 年版

华尔街，是演绎过无数传奇的宏伟舞台，也是无数英雄豪杰的梦断之地。1933 年，在一纸法案的催促下，美国金融业进入了群雄割据的战国时代。多年以后，一个在 1933 年出生的波兰裔犹太人崛起于华尔街，并在年近古稀之时执掌了花旗帝国的金色权杖。他为投资者创造了令人瞠目的 2600% 的回报，杰克·韦尔奇和沃伦·巴菲特与之相比都要甘拜下风。他的名字叫——桑迪·韦尔。

在几十年的职业生涯中，他既见识了时事风云的变幻无常，也经历了金融世界的大风大浪；既留下了在黑暗中挣扎的苦涩回忆，也品尝了站在人生之巅的瞬间辉煌。他偏执地强调“忠诚”，却屡屡与曾经最亲密的战友杀个你死我活；他在吞并对手时像一只嗜血的鲨鱼，却也曾在最关键的时候陷入迷惘。他打破旧有体制，确立新的金融游戏规则，创建了前所未有的金融企业。或许比同时代的多数企业家犯了更多的错误，可他也获得了大多数人连做梦也不会想到的成功。

高盛帝国

相关企业：高盛　作者：[美] 查尔斯·埃利斯　出版社：中信出版社　2010 年版

《高盛帝国》一书充分展现了为高盛播下成功种子的伟大人物：西德尼·温伯格——对市场具有高度敏感性；格斯利维——将强烈的野性带入日常工作的每一部分；约翰·怀特黑德——对公司重新定位并书写了高盛以客户服务为导向的团队精神的核心价值；约翰·温伯格——非常杰出而又极其谦逊；罗伯特·鲁宾和汉克·保尔森——他们后来担任了美国财政部长；乔恩·科尔津——后来成为美国新泽西州州长；劳尔德·布莱克费恩——现任的 CEO 和董事会主席。

终极幕后帝国：高盛是这样玩转世界的

相关企业：高盛　作者：林文奎　出版社：电子工业出版社　2012 年版

全程揭秘高盛如何从一个“家族小银行”成长为幕后操纵世界的国际顶级大投行；翔实披露高盛两大创业家族因利益瓜分而最终决裂的内斗丑闻；解密带领高盛崛起的卓越管理者们精妙的管理哲学与方法。让读者从中了解高盛是如何用雄厚的财力介入美国大选，并将名不见经传的奥巴马推上总统宝座；高盛用什么手段，整垮了有百年历史的跨国公司巨头；高盛怎样与美国政府私下配合，搞乱新经济体的经济秩序，并实现政治和经济两大领域的巨额回报！

蓝血与阴谋：摩根士丹利的灵魂之战

相关企业：摩根士丹利　作者：［美］帕特里夏·比亚德　出版社：中信出版社 2009 年版

本书记录了华尔街顶级投资银行摩根士丹利的成长历程，并重点聚焦于摩根士丹利内部的一场全球为之震惊的转折之战。2005 年 3 月，八位摩根士丹利前高层联名致信董事会，这封信指责裴熙亮作为 CE0 领导无方并要求董事会立即换帅。信中列举了大摩股票表现不佳的主要原因：没能在证券市场取得高额回报；盈利增长劣于竞争对手；零售和投资管理业务在过去五年表现糟糕。八老将造成这种局面的主要原因归咎于裴熙亮……

摩根帝国

相关企业：摩根大通　作者：袁朝晖　出版社：经济日报出版社　2010 年版

本书以摩根大通逾 170 年的悠久历史为引线，以此次百年不遇的金融危机为背景，以摩根大通主席兼首席执行官杰米·戴蒙先生领导的团队在危机中所经历的一系列充满传奇色彩和神秘气息的故事为主线，讲述了摩根大通是如何抵御形形色色的诱惑，坚定自己的传统信念和经营之道，抵挡金融危机的冲击，成功打造了令其竞争对手羡慕不已的全球领先的金融集团的故事。

谁打造了摩根：史上最低调的华尔街精神领袖

相关企业：摩根大通　作者：丹·罗腾伯格　出版社：机械工业出版社 2012 年版

他从不接受采访，没有保存日记的习惯，也没有担任过公职，甚至销毁了私人文件，做慈善几乎全用匿名。在所有孙辈去世 21 年之后，他的遗产仍然高达 4800 万美元，时值 1985 年。他最广为人知的头衔是 J. P. 摩根的合伙人，而最令世人受益的，是他身后留下的一所著名大学、一位献身慈善事业的“圣徒”，以及造就了两次挽救美国经济的 J. P. 摩根。他的家族曾与罗斯福、沃顿、梅隆、范德比尔特等豪门联姻，但后代子孙的公众服务意识却远远强于商业意识。他从 13 岁开始打工，最终在骗子林立的华尔街蛮荒时代奇迹般地确立了相互尊重的共赢合作、年终评估、股权激励等现代商业精神。他任人唯贤，不尊重员工与能力不足者一概不能留任，亲兄弟亦不能幸免。

德意志银行

相关企业：德银　作者：弗里德赫尔姆·施瓦茨　出版社：华夏出版社 2008 年版

曾经被认为是坚不可摧的德意志银行堡垒如今还剩下多少断壁残垣？德意志银行还是一家德国银行吗？这家金融机构是怎样陷入危机之中的，又将有着怎样的前景呢？

本书深入德意志银行的幕后，客观而带有批制性地为读者展示了德意志银行的历史演变与现状、其运作方式及其所追寻的目标和对经济与社会产生的影响。本书有如这样一家银行的画像：这家德国大银行，曾被认为是德国最有权势的公司，它似乎对自己的行为所带来的社会后果毫不关心，并因其在经营管理上所犯的惊人错误而深陷泥淖。本书将为读者拨开重重迷雾，还原一个真实的德意志银行。

帝国的兴衰：AIG 的故事

相关企业：美国国际集团　作者：［美］莫里斯·格林伯格　劳伦斯·坎宁安　出版社：人民出版社　2014 年版

本书是迄今为止，唯一一本依照第一手资料，全面记录和解析国际保险巨头——美国国际集团（American International Group，简称 AIG）的著作。而这本书的第一作者，正是一手缔造了 AIG 帝国，被称为保险业最伟大传奇人物的莫里斯·格林伯格。

沃尔玛王朝：全球第一大企业成长传奇

相关企业：沃尔玛　作者：（美）罗伯特·斯莱特　出版社：中信出版社 2004 年版

本书从山姆·沃尔顿去世后继任者的成就切入，再现了近半个世纪以来沃尔玛的成长历程。作者着眼于沃尔顿创立的企业文化与经营理念在历届领导者之间的传承，从企业权力交接这个新颖的角度揭示出沃尔玛成功的奥秘。

富甲美国：沃尔玛创始人山姆·沃尔顿自传

相关企业：沃尔玛　作者：山姆·沃尔顿/约翰·休伊
出版社：江苏文艺出版社　2015 年版

在沃尔顿创立沃尔玛的过程中，其创意之新，总叫读者称奇。沃尔顿开创了许多领先的经营管理理念：价格性差异、扁平化管理、标准模式、精准营销、供应商战略……此外，沃尔顿用幽默有趣的语言写就本书，让读者完全没有阅读一般财经管理书籍的负担，反而在简洁生动的阅读中，把管理的秘诀映入脑海，也因此更能灵活运用这些秘诀。

翻开本书，学习山姆·沃尔顿改变世界商业形态的经营哲学。

家乐福神话

相关企业：家乐福　作者：雅克·博切　出版社：东方出版社　2014 年版

故事在一场被称为“世纪并购”的企业合并中开始。1999 年夏，家乐福收购了普美德斯（Promodes），一跃成为欧洲第一大、世界第二大零售界巨人。然而，在随后的十年里，这个拥有近五十万员工的集团遭遇了一系列不同寻常的事件：家乐福集团第一股东保尔·路易·哈雷在一起飞机事故中遇难；决策层领导人之间剑拔弩张、针锋相对；集团买通媒体，暗箱操作；法国首富、LV 集团主席贝尔纳·阿尔诺与家乐福欧洲业务部经理之间展开争权夺位的高层角力……这一切导致家乐福管理混乱、股价下跌。作为企业原高层、家乐福的对外发言人，作者雅克·博切亲身经历了这一切，本书中他追忆家乐福的十年变迁，讲述零售业巨头的商战机密，揭露它光鲜外表下鲜为人知的内幕。

乐天传奇：“三无经营”创造商业神话

相关企业：乐天　作者：河智海　出版社：化学工业出版社　2013 年版

乐天作为韩国著名企业集团，表现不俗，即使在遇到经济危机时也能稳步地增长。乐天成长的秘密在哪里？《乐天传奇“三无经营”创造商业神话》介绍了乐天的理念以及经营方法和经验，体现出一家企业从小做大所需要的策略和方法，内容涵盖营销、人力资源、现场管理等方面的具体技巧和执行细节，对我国的企业及其管理者具有很强的参考价值。

零售的哲学：7－Eleven 便利店创始人自述

相关企业：7－ELEVEN　作者：［日］铃木敏文　出版社：江苏文艺出版社 2014 年版

全球最大的便利店连锁公司创始人——铃木敏文，结合 40 多年零售经验，为你讲述击中消费心理的零售哲学。铃木敏文的很多创新，现在已经成为商界常识，本书把那些不可思议的零售创新娓娓道来。关于零售的一切：选址、订货、销售、物流、管理……他一次又一次地在一片反对声中创造出零售界的新纪录。

翻开本书，看铃木敏文如何领导 7－11 冲破层层阻碍，学习成为世界第一的零售哲学。

一位经营鬼才的自白：7－ELEVEN 创始人亲述零售帝国背后的故事

相关企业：7－ELEVEN　作者：铃木敏文　出版社：浙江大学出版社 2015 年版

他是铃木敏文，零售帝国 7－ELEVEN 的缔造者，一个偏执、大胆、想到就一定要做到的日本人。不善言辞的性格、骨子里的狠劲、异于常人的市场嗅觉、排除万难也要坚持正确事物的执念，在他身上难得地聚为一体。

如何打造热销品，如何权衡新事业的风险，如何提升说服力，如何管理下属、领导企业，关于经营方方面面的秘诀，在铃木的亲身讲述中被一一道尽。

無印良品的改革：無印良品缘何复苏

相关企业：无印良品　作者：［日］渡边米英　出版社：重庆大学出版社 2014 年版

具有典型日本美学气质的设计品牌无印良品，曾以辉煌的业绩缔造出“无印神话”，其简朴的理念和高质感的产品深得消费者之心。进入 21 世纪，其经历了一次从业绩急剧下滑到通过一系列改革实现复苏的过程。本书对无印良品的改革过程进行了总结，揭开导致业绩下滑的根本原因，并详细介绍了无印良品采取的一系列改革措施和所取得的成效。从中能看到无印良品将崇尚自然、简朴生活的企业文化和科学的经营管理有机结合、促进发展的成功模式。

解密无印良品

相关企业：无印良品　作者：［日］松井忠三　出版社：新星出版社 2015 年版

本书作者松井忠三 1992 年加入良品计划。历任总务人事部长、无印良品事业部部长，于 2001 年就任无印良品社长。面对无印良品的赤字状况，松井忠三着手从企业文化到管理手段进行一系列改革，最终形成了整个企业通用的一本 2000 页的 MUJIGRAM 工作手册。

通过管理模式的优化，MUJI 的赤字状况得到改善，营业额随 MUJIGRAM 的逐渐完善稳健上扬，这一切都归功于管理手段的优化。

宜家真相：藏在沙发、蜡烛与马桶刷背后的秘密

相关企业：宜家　作者：[瑞典] 约翰·斯特内博　出版社：漓江出版社 2014 年版

本书作者斯特内博在宜家任职超过二十年，曾担任老板的贴身机要，负责全球关键家具业务，最后出任宜家绿能科技公司首席执行官。这本书，是他二十年亲身经历的展示，向外界首度掀开了这个家具帝国的全部真相，既讲述了确保它击败竞争者、吸引顾客的大量经验法则，也揭露了精心构筑的华丽外表下的惊人秘密。

这就是宜家："做"好生意还是做"好"生意

相关企业：宜家　作者：[瑞典] 安德斯·代尔维格

出版社：中华工商联合出版社　2015 年版

在《这就是宜家"做"好生意还是做"好"生意》中，安德斯·代尔维格分享了他在宜家 26 年的工作经验，特别是他在担任宜家 CEO 的 10 年中所实施的卓有成效的经营策略，以及可以为更多企业借鉴的成功之道和商业准则。

这是第一次，有人真正深入地描述宜家公司的发展与经营，虽然本书的主要目的并非讲述宜家的故事。在企业与社会公众之间，安德斯·代尔维格通过宜家的例子，分析了一个公司在实现传统业务利润和销售增长的同时，如何在更广泛的领域中实现企业的社会责任。

将心注入：星巴克创始人，全球董事长霍华德·舒尔茨自述

相关企业：星巴克　作者：［美］霍华德·舒尔茨/［美］多利·琼斯·扬　出版社：浙江人民出版社　2010 年版

本书想要告诉读者的是，我们如何在自己的经历中学到关于经营企业与生活的某些重要课程。我希望，这些见识会有助于那些正在创办企业和追求生活梦想的人。

我的最终目的是通过这本书，能够让人们重新振奋起来去追求自己的梦想，听从自己的心灵，即使遭人讥笑也无所顾忌。不要轻易就被否定意见打倒，别让尝试的赔率吓倒了你。

如果你倾心投入于自己的工作，或者任何值得为之努力的事业，你就有可能实现在他人看来不可能实现的梦想。生活因此会变得很有意义。

星巴克领先之道：联结顾客、产品、员工的五大原则

相关企业：星巴克　作者：［美］约瑟夫·米歇利　出版社：中信出版社　2015 年版

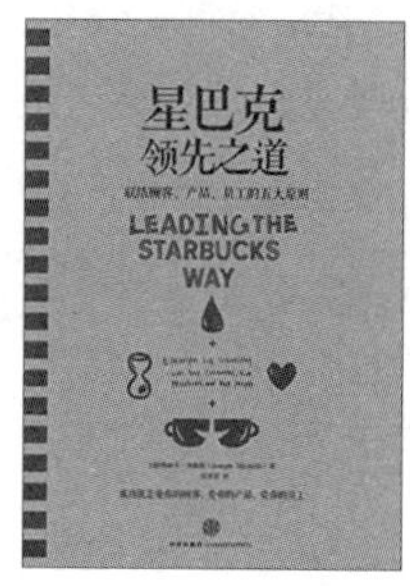

在这本书中，作者详细阐述了星巴克成功的秘密——星巴克管理层卓越的领导力。其中的每一条原则都倾注了作者对星巴克成功秘密的深入研究。我们知道，在这个世界上，没有无缘无故的成功，而星巴克之所以能够从一个小咖啡馆发展到全球最知名的企业，目前还在不断扩张其规模，秘诀就在于星巴克的领导者始终深深根植于其使命："激发和孕育人文精神，从每个人、每杯咖啡、每个街区开始"。星巴克坚持一切以顾客为中心，充分关心并尊重员工，不断研发新产品，从内到外让每一个员工和顾客发自内心地爱上星巴克，这就是成功所在。

优衣库非常道

相关企业：优衣库　作者：横田增生　出版社：上海财经大学出版社　2013 年版

柳井正如何颠覆日本服装业，优衣库如何风靡全球？

在经济萎靡不振的日本，唯一扬眉吐气的企业就是优衣库。然而，至今为止却没有媒体通过独自调查来了解柳井正的企业经营之道。为什么执行董事接二连三地离开公司呢？为什么优衣库对中国的合作工厂缄口不言？柳井正的父亲对其的束缚又是什么？

这次横田增生不仅访问了优衣库被视为商业机密的中国合作公司，并且追踪记述了从制造现场到日本国内店铺经营的实际情况，之后亲自去西班牙采访了被柳井正称之为商业竞争对手的 INDITEX 集团——ZARA 的总公司。

通过全球范围内的采访调查，本书将呈献给读者真实的柳井正和优衣库。

柳井正：怀抱希望

相关企业：优衣库　作者：柳井正　出版社：化学工业出版社　2015 年版

本书是日本首富柳井正在不景气的经济环境中，给所有商务人士注射的一剂强心针。只要始终抱着自己是人生主人公的信念，只要对自己始终有所期待，那么，我们心中的梦想就永远不会破灭。对自己充满期待，找到自己身上与众不同的地方，通过刻苦努力精益求精地磨炼自身的优势，那么，必然会有一条路敞开在您的面前。不管您身处哪个行业或领域，本书中所介绍的工作经验和思维方式，对您一定有帮助！

从0到ZARA

相关企业：ZARA　作者：［西］哈维尔·R. 布兰科　赫苏斯·萨尔加多
出版社：国际文化出版公司　2017年版

阿曼西奥·奥尔特加·高纳（Amancio Ortega Gaona），ZARA品牌创始人，1936年出生于西班牙西北部加利西亚地区。作为西班牙乃至全球首富，阿曼西奥·奥尔特加行事低调神秘，样貌鲜为人知。这个出身贫寒、40岁才开始创业的男人，在不到40年的时间里，创立了覆盖全球、令人惊艳的ZARA时尚王国。“ZARA之父”超越了科技、金融巨擘，阿曼西奥多次荣登福布斯富豪榜前三名。

本书讲述了他的人生，他的家庭，并揭秘了ZARA独特的零售理念——吸睛的橱窗、大胆的选址、快速的成衣、零广告投入……将时尚融入每个人的生活，阿曼西奥和ZARA的传奇仍在继续。

迪士尼百年沉浮

相关企业：迪士尼　作者：刘倩　艺琼　出版社：京华出版社　2011年版

惊世传奇迪士尼，米老鼠、唐老鸭，是否陪着你一路成长？《加勒比海盗》《国家宝藏》《玩具总动员》，是否给你带来了最震撼的视听体验？迪士尼乐园是否是你一直梦寐以求的童话旅行圣地？

这一切都离不开一位传奇人物——华特·迪士尼。从一名美国密苏里州的农场男孩到“娱乐王国”的缔造者，他经历了哪些不为人知的艰辛？

从1923年到今天。在近百年里，迪士尼经历了怎样鲜为人知的坎坷、挫折和风雨，才构建起如今这座伟大的娱乐王朝？

迪士尼到底有什么神奇魔力风靡全球，以致众企业争相效仿？

2011年4月8日，世界目光聚焦上海，上海迪士尼破土动工，这将带来怎样的发展机遇？

迪士尼体验：米奇王国的魔法服务之道

相关企业：迪士尼　作者：西奥多·齐尼　出版社：北京大学出版社 2016 年版

迪士尼是如何持续提供优质服务？迪士尼是如何年入 130 亿美元，每天进账 3800 万美元？迪士尼魔法是如何让近 50 亿的游客获得神奇体验？这本内部视角的用户“教科书”，把迪士尼的运营过程归纳为“优质服务指南针”上的几个要点：通过员工、场景、流程打造服务系统，通过安全、礼仪、表演、效率打造品质标准，再结合迪士尼丰富的实践案例，从而为你揭开迪士尼魔法服务的秘密。

当然，书中的案例也很有趣，如迪士尼客房的门镜、门把手、邮轮舷窗是怎么设计的？迪士尼乐园各区域地面怎么衔接？乐园怎么处理排队难题？迪士尼怎么摆放垃圾桶？怎么给植物浇水？怎么吸引感官体验？迪士尼员工随身带着什么？迪士尼员工怎么给你指路……

皮克斯：关于童心、勇气、创意和传奇

相关企业：皮克斯　作者：［美］比尔·卡波达戈利　琳恩·杰克逊

出版社：中信出版社　2012 年版

本书将要告诉你，皮克斯的出类拔萃不仅仅在于拥有优秀的动画设计者、先进的高科技手段等，最重要的是皮克斯内部即是一个能够最大限度激发员工创新能力的天堂。皮克斯那颠覆好莱坞的崭新思维和管理模式，对于任何想要打造具有创新精神的团队、搭建充满创新氛围环境的企业都有重大启示。

创新公司：皮克斯的启示

相关企业：皮克斯　作者：［美］艾德·卡特姆　埃米·华莱士

出版社：中信出版社　2015 年版

你可以从本书中读到《玩具总动员》《飞屋环游记》等电影精彩的制作故事，了解皮克斯各项具体的创新管理举措，还可以发现从企业初创到发展壮大过程中各种实际问题的解答。无论是想寻求创新突破的传统企业，还是想寻求健康快速发展的新兴企业，无论是已经发展壮大的大公司，还是初具规模的小企业，无论是想要让团队更有活力的管理者，还是想在工作中变得更有创意的普通职员，阅读本书都将大有启发。

芭比传奇：一个举世闻名的娃娃与她的创造者的故事

相关企业：美泰　作者：格博　出版社：机械工业出版社　2010 年版

芭比的创造者露丝历经许多困难仍锲而不舍，不断地朝着她的梦想，一步步创造出她心中完美的芭比娃娃。露丝这个极具远见的成功创业家，如何创造出全球的经典偶像并且成功让美泰成为世界最知名的玩具公司？如何用她出色的行销头脑，让原本无人看好的芭比持续风靡 50 年？露丝与她的先生埃里奥特，美泰的另一个创办人，为何被美国政府控告伪造文书而被迫离开他们所创造出的玩具王国？本书会一一为您介绍。

活着就为改变世界：史蒂夫·乔布斯传

相关企业：苹果　作者：［美］杰弗里·扬/威廉·西蒙

出版社：中信出版社　2010 年版

苹果公司 CEO 史蒂夫·乔布斯这个一直活在自己想象世界里的创业奇才，经历过各种挫折与失落，但他那无所畏惧、敢于承担的个性让他一直努力实践着自己的价值观，总能为他的离奇想法找到解决问题的办法。

本书两位作者通过深入访谈和调查，揭秘了许多乔布斯个人的创业经历和家庭变故，讲述了一个个乔布斯创造的充满传奇色彩的商业奇迹，真实地再现了乔布斯的人生价值观和世界观。

苹果的哲学

相关企业：苹果　作者：李屹立　出版社：江苏人民出版社　2011 年版

从乔布斯的个人创业经历，在商业旅程上的战略决定，企业管理思想、营销策略、产品理论等方面，讲述和解读一个无所畏惧的“角斗士”的商业哲学。

围绕乔布斯，有着种种溢美的称谓和种种传奇的故事，其实他的成功并不是许多人想象的那样难以复制。也许很多人都有着美好的梦想，他们也毫不妥协、毫不动摇地坚决执行了下去，但是他们还缺少一种切实可行的战术和手段来实现它。这，正是《苹果的哲学：乔布斯给中国 CEO 的四堂必修课》想要深度剖析的内容——乔布斯最适合中国 CEO 的商业智慧精髓。

苹果风暴

相关企业：苹果　作者：林志共　王静　出版社：中华工商联合出版社 2011 年版

《苹果风暴》阶段性地描述苹果的过去，分析苹果的问题和最终解决问题的经过，抛砖引玉，让读者在阅读中更加明朗化地了解苹果公司及乔布斯的方方面面。不仅描写苹果公司的商业模式，也探讨乔布斯的管理手段，同时还联想中国企业在商业模式上可以借鉴什么。

《苹果风暴》共有七章，重点介绍了苹果公司的历史及现状、技术创新、公司策略、市场营销、企业文化、经营管理及未来的发展，部分内容读者或多或少已经阅读或得知，《苹果风暴》进行了更加系统性地整理，加上非专业或粉丝性的探讨，读者可以轻松地阅读。

苹果：从个人英雄到伟大企业

相关企业：苹果　作者：亚当·拉辛斯基　出版社：上海财经大学出版社 2013 年版

作者亚当·拉辛斯基（Adam Lashinsky）深入苹果内部（以及苹果供应商、投资人、员工及竞争对手的生态系统），多次采访收集材料，披露了大量独家消息，更揭示了苹果公司内部神秘的体制、策略以及领导战略——正是这些“苹果方法论”，使乔布斯及苹果能够不断推出热门产品，并培养了大量狂热粉丝。

更为重要的是，《苹果：从个人英雄到伟大企业》揭示了后乔布斯时代，苹果正在发生或即将到来的变化。对于关注苹果的普通人，对于希望借鉴“苹果方法论”的公司及管理者，本书都极具吸引力。

搜

相关企业：谷歌　作者：［美］约翰·巴特利　出版社：中信出版社　2006 年版

本书描述了 Google 如何从斯坦福一个不起眼的公司迅速崛起为“用思想控制世界的搜索巨头”，再现了 Google 首次公开上市时改写华尔街游戏规则，公开宣布其“不作恶”的信条时掀起的狂潮，以及搜索技术的兴起对市场营销、传媒产业、流行文化、职业发展、公民权利等人类社会各方面的巨大影响。

作者约翰·巴利特是《产业标准》杂志的创始人，也是著名的行业杂志《连线》创始人之一。为写作本书，巴特利采访了从硅谷到华尔街与搜索行业相关的 350 多人，包括 Google 的两位创始人拉里·佩奇、谢尔盖·布林和公司总裁埃里克·施米特等风云人物。他指出，搜索的革命性意义并非表现在搜索巨头间的激战上，重要的是，Google 和其他搜索引擎已经在不知不觉中深深地改变了我们的做事习惯和生活方式，成为通向整个世界的需求、兴趣、恐惧和欲望的窗口，知识的数据库，它们也注定会成为 21 世纪资本的枢纽。

这或许是我们的幸运，或者也是一种悲哀。但无论如何，你都可以从这本书中找到世界可能的未来。

重新定义公司

相关企业：谷歌　作者：［美］埃里克·施密特　出版社：中信出版社　2015 年版

《重新定义公司》披露了谷歌如何颠覆传统的 MBA 模式，建立独树一帜的管理哲学，作者分享了外界普遍好奇的企业文化、战略、人才、决策、沟通以及创新之道。埃里克·施密特和乔纳森·罗森伯格列举了谷歌历史上众多只有内部人员才知道的实例，其中许多事件更是第一次为广大读者公布。他们旨在将谷歌的管理秘密转化为人人皆可用的经验，帮助我们迎接变化世界中的巨大挑战。

Google：未来之镜

相关企业：谷歌　作者：托马斯·舒尔茨　出版社：当代中国出版社 2016 年版

据说谷歌势不可挡，永不餍足。从互联网搜索到智能翻译再到地图导航，谷歌是我们通向世界的门户。不仅如此，就像管理全世界的数据流一样，谷歌还要在不久的将来控制我们的居家、出行、医疗、运输、能源等各个方面，它要向太空发射卫星，制造自动驾驶汽车和自动机器人，甚至还要延长人类的寿命……

你将在本书中看到，公司初创时两个怀揣梦想和智慧的年轻人面对发展为何迷失；还将读到公司上市后创始人为何交出控制权，甘居人后；你也将读到，在与微软、苹果的交锋中，谷歌为何总能不动声色，占得先机；以及面对欧盟与中国的制裁，公司高层决意何去何从……

本书将为你呈现一个最真实、地道的谷歌，一份最前沿、最成功的创新启示录。

一键下单：杰夫·贝佐斯与亚马逊的崛起

相关企业：亚马逊　作者：理查德·勃兰特　出版社：中信出版社 2013 年版

理查德·勃兰特采访了众多亚马逊公司的员工、竞争对手和观察家，由此破解了贝佐斯做决策的秘密。这家巨无霸公司正在进行的一场革命，为我们提供了一份极佳的案例研究，它是如何重塑一个完整的行业的，任何忽略这一点的商业人士都身处危境。贝佐斯的成功归功于他的远见卓识，以及冷酷的商业敏感度。勃兰特详尽记述了贝佐斯从电脑黑客到改变世界的企业家这一过程，回顾了亚马逊在贝佐斯带领下走向辉煌的点点滴滴，揭示了贝佐斯成功背后鲜为人知的故事。

一网打尽：贝佐斯与亚马逊时代

相关企业：亚马逊　作者：布拉德・斯通　出版社：中信出版社　2014 年版

亚马逊最早起步于通过邮购来经营图书业务。但贝佐斯却不满足于仅做一名书商，他希望缔造亚马逊万货商店的神话——能提供海量的货源，并以超低的价格提供最具吸引力的便捷服务。为了实现这一诺言，他发展了一种企业文化，这种文化蕴含着执着的雄心与难以破解的秘诀。亚马逊的这一文化现在依旧在发扬光大。

布拉德・斯通非常幸运地得到采访亚马逊的前任和现任高管、员工以及贝佐斯本人及其家人的机会，使我们第一次有机会深入地领略真实的贝佐斯和亚马逊。《一网打尽》将会充分展示公司成长过程中的关键时刻，揭示出亚马逊如何成为第一家在互联网上下如此大赌注并获得成功的公司，它又是如何永久改变了全球人类传统的购物习惯和阅读方式。

价值观的力量：全球电子商务教母梅格・惠特曼自传

相关企业：eBay　作者：梅格・惠特曼（Meg Whitman）/琼・汉密尔顿
出版社：机械工业出版社　2010 年版

在这本书中，梅格・惠特曼展示了在担任 eBay 总裁过程中的经验教训，以及在商界打拼的 10 项核心价值观。这些价值观将为大小企业带来革命性的变革，不需要道德上的妥协就能取得经济上的成功。

由 eBay 创立的全球电子商务模式的核心基础是用户之间的信任，围绕信任构建了起了网络商务生态环境，信息技术、人力资源和商业模式成为“商务电子化”的巨大推动力量。

Facebook 效应

相关企业：Facebook 作者：[美] 大卫·柯克帕特里克

出版社：华文出版社 2010 年版

本书作者近距离地采访了与 Facebook 相关的人士，其中包括 Facebook 的创始人、员工、投资人、意向投资人以及合作伙伴，加起来超过了 130 人。这是真切翔实地访谈，更是超级精彩的故事。作者以其细腻的笔触，精巧的叙事结构，解密了 Facebook 如何从哈佛的宿舍里萌发，创始人的内讧，权力之争，如何放弃华盛顿邮报的投资，怎样争取到第一个广告客户，而第一轮融资又如何获得一亿美元的估值，让人痴迷的图片产品如何上线，面对 Twitter 的竞争，与 Google 的世纪之争……一个创办仅 7 年，就拥有 5 亿活跃用户，年收入超过 5 亿美元，估值超过 200 亿美元的传奇企业再加上一个年仅 26 岁的"娃娃 CEO"，激情澎湃的创业精神，智慧传奇的融资经历，一个聚合世界的社交帝国向你彻底开放，你还等什么？

打造 Facebook：亲历 Facebook 爆发的 5 年

相关企业：Facebook 作者：王淮 出版社：印刷工业出版社 2013 年版

这本书的书名——《打造 Facebook：亲历 Facebook 爆发的 5 年》很嚣张，谁有资格可以说这句话呢，当然，扎克伯格最有资格，但他不会亲自来告诉你，至少从目前的情况来看，近几年都不大可能。而且，这不是一个人的公司。里面的每一人，尤其是工程师，既是公司文化的承受者，同时，也在不断地改造着公司的文化。我想强调的是团队，是团队的力量打造了 Facebook。而让团队凝聚在一起并充满战斗力的，即其文化。这种文化，包括一些做事的方式，为什么这么做的原因，和对这些做法和原因的认同。写这本《打造 Facebook：亲历 Facebook 爆发的 5 年》，是想剖析 Facebook 文化的精髓，还有这里面的思考过程和前后的变化，详细解释当中最有价值和最值得学习的那几点。尤其作为早期员工，我们奠定了这些文化的基础。

20 个月赚 130 亿：YouTube 创始人陈士骏自传

相关企业：YouTube　**作者：**陈士骏　张黎明　**出版社：**中国华侨出版社　2011 年版

YouTube 联合创始人陈士骏在书中以朴实亲切的口吻讲述了他的人生经历，以及对学业、事业、梦想、财富、生死等的种种感悟。

童年随全家去美国小镇定居，少年时代迷上计算机编程；

离大学毕业还有几个月时放弃学位，怀揣 200 美元奔赴硅谷，加入创业公司 PayPal，公司上市后成为百万富翁；

因为无法接受 PayPal 被 eBay 收购后工程师丧失发言权，和好友一起开创视频网站 YouTube；

在 YouTube 被 Google 收购，陈士骏成为美国商界和媒体的红人时，他得知自己患了脑瘤。

孵化 Twitter：从蛮荒到 IPO 的狂野旅程

相关企业：Twitter　**作者：**尼克·比尔顿　**出版社：**浙江人民出版社　2014 年版

一个在挣扎中生存的博客平台 Odeo，一小撮龙蛇混杂的无政府主义者员工，经历了怎样的涅槃，摇身一变，成为纽交所最闪耀的上市企业 Twitter？

一个因打造和出售 Blogger 而出名的农家小子，一个渴望用编码改变世界的创业青年，一个害羞又满脑子奇怪想法的文身黑客，一个爱开玩笑逗朋友开心的外交家，这四位各有特色的创始人如何从兢兢业业、每日劳作的工程师，成为登上杂志封面、“奥普拉秀和每日秀”的富裕名人？而在 Twitter 日益茁壮成长的过程中，他们又是如何为了金钱、影响力、名气和对公司的控制权而争斗不休，最终却失去了对 Twitter 的掌控，让一位 50 岁的前喜剧演员夺取 CEO 的位置？

第五章 2009—2018

产业迭代创新时期

在过去的十多年里，有一批人非常活跃，正是他们的存在，极大地推进了中国新经济产业的萌芽与创新，这便是风险投资家。VC、PE这两个舶来概念，在1998年进入中国，到2016年，全国已有1.2万家风险投资公司，是继美国之后的全球第二大风险投资市场。代表人物有：

熊晓鸽——北京，IDG中国；

沈南鹏——上海，红杉中国；

徐小平——北京，真格资本；

张磊——北京，高瓴资本。

2009年，中国的汽车产销量超过美国，这在世界工业史上是一个标志性事件。在长期由外资和国有企业把持的汽车产业，出现了一批草根出身的创业者，其中李书福于2010年“以蛇吞象”，通过成功并购沃尔沃把企业送进了世界500强。

李书福——浙江，台州吉利，汽车；

王传福——广东，深圳比亚迪，汽车；

魏建军——河北，保定长城，汽车。

中国在2016年，由资本输入国一变而为资本输出国。在这期间，出现了一大批参与国际并购的企业家，海尔的张瑞敏收购了三洋的白电业务，联想的杨元庆收购了摩托罗拉手机业务，美的集团的何享健收购了德国的机器人公司库卡。

在制造业领域，转型升级的客观需求与“互联网+”

的新潮流合二为一，涌现了一批在商业模式和技术创新上都颇有作为的企业家，以及“蒙眼狂奔”的超级冒险家。代表人物有：

雷军——北京，小米，手机及其他电子产品；

董明珠——广东，珠海格力，空调；

贾跃亭——北京，乐视，视频网站及智能硬件。

雷军是第一个由互联网转向制造业的“降维打击者”，小米手机的速胜引起极大的思维震撼。他与董明珠在2013年年底的一次颁奖盛典上，打下10亿大赌，看看谁在五年后的营业额更高。事实是，在后来的五年里，他们各自向对方学习了更多。

在互联网领域，出现了两股大的冲击波：其一，发生在消费服务市场——O2O；其二是互联网金融——P2P，或科技金融。

一批以“80后”为主力的创业者在消费服务市场上，实现了一次线上对线下的逆袭。他们可以被看作是互联网经济继新闻信息服务、商品贩售服务之后的，第三次以消费服务为主题的冲击波。代表人物有：

王兴——北京，美团点评，餐饮服务；

姚劲波——北京，58公司，分类信息；

程维——北京，滴滴，打车服务；

胡玮炜、王晓峰——上海，摩拜，互联网自行车租赁；

戴威——北京，ofo，互联网自行车租赁。

互联网金融的冲击波表现得更富有戏剧性。在2015年前后，全国出现了6000多家P2P公司，鱼龙混杂，沉渣泛起，最终以e租宝事件为标志，遭到监管部门的严厉整顿。在随后，阿里巴巴、腾讯、平安及京东等公司，成了实际的获益者。

在资讯服务领域，曾出现数以百计的视频网站，不过最终被BAT全部控制，形成优酷、爱奇艺和腾讯视频三分天下的格局。唯一例外的是新闻手机客户端，今日头条以算法技术杀出血路：

张一鸣——北京，今日头条，手机新闻门户。

互联网在中国的二十年，始终扮演着颠覆者和重建者的角色。它对这个国家的产业经济和消费业态产生了深刻的影响，腾讯和阿里巴巴联袂成为亚洲市值最高的企业。与此同时，还有一些企业家，进入新能源、人工智能及基因科学等产业，其成败得失，迄今难以言断，不过无论如何，他们代表了中国产业探索的另外一个方向。代表人物有：

施正荣——江苏，无锡尚德，光伏；

李河君——北京，汉能，清洁能源；

汪韬——广东，深圳大疆，无人机；

汪建——广东，深圳华大基因，基因检测；

刘庆峰——安徽，合肥科大讯飞，语音技术。

——《激荡十年，水大鱼大》

一、经济新格局下的中国新机会

2008 年，由美国次贷危机造成的全球性金融危机重创欧美金融和经济体系。中国的金融体系相对管制严格而受冲击较少，在保增长扩内需的宏观政策刺激下，中国经济快速止跌回升，在全球经济格局中所占据的地位迅猛提升。在这一背景下，中国各行业中的龙头企业表现出了非常明显的扩张性，对内和对外并购频率明显加快，不但在国内市场上全面压制跨国企业，甚至频频冲出国门与之竞争。此外，在经济新常态和新技术的催化下，一大批新兴企业开始蓬勃生长。

典型企业：

移动互联相关：小米、蚂蚁金服、陆金所、聚美优品、美团、大众点评、饿了么、滴滴、摩拜、ofo、乐视等

新能源：汉能、协鑫、天合光能、晶科能源、尚德等

新零售：盒马鲜生、永辉超市、名创优品等

人工智能：科大讯飞、商汤科技等

细分科技领域：华大基因、大疆科技等

物流快递行业：顺丰、德邦、“三通一达”等

2013 年，创立小米仅 3 年的雷军在央视“中国经济年度人物”颁奖典礼上与格力电器董事长董明珠打赌，他说：“请全国人民作证，五年之内，如果我们的营业收入击败格力，董明珠输我 1 块钱就行了。”岂料董明珠当场反击道：“1 块钱不要提了，要赌就赌 10 个亿。”

赌约定下之时，小米的营业额仅为 316 亿元，格力高达 1200 亿元。显而易见，小米与格力并不在一个数量级，然而接下来形势陡转。2017 年，小米的报表非常亮眼，实现了 1146 亿元的收入和 122 亿元的经营利润，其收入同比增长 67.5%，这一速度在全球收入超千亿且赢利的互联网公司中位列榜首。相比之下，另一主角的光芒稍显暗淡，格力 2017 年的营收为 1500 亿元。四年时间，两者的差距已大幅收窄。

雷军曾自信地表示：“传统企业都是 10% 左右的增长率，而互联网企业是玩命地 150% 甚至 200% 地增长，再过一两年格力就要输了。”小米的发展速度有多快？2012 年是小米的第一个完整财年，它却以 100 多人，创造了 126 亿的营业收入，梦幻般地做到了“从 0 到 100 亿”，相当于当年全国电影票房的总和。之后的 2013 年和 2014 年，小米的营收继续猛增，分别为 314 亿和 743 亿。

知名媒体人秦朔对小米赞赏有加：“在商业史上，这样的公司是罕见的。只有在互联网和物联网时代，将软件、硬件、服务合而为一的全新模式才能成立。小米硬是将智能化的硬件做成了互联网服务的超级入口，这要拜时代之所赐，拜中国红利之所赐。”

2018 年，小米在港交所上市，业界普遍认为这是继百度 2005 年在纳斯达克上市创下涨幅纪录、阿里巴巴 2014 年在纽交所上市创下融资规模纪录后，2018 年全球科技企业最大规模的 IPO。

回顾中国互联网公司上市的热潮，始自 2000 年新浪、搜狐、网易三大门户登陆纳斯达克，接着 2004 年腾讯在港交所上市，2005 年百度上市，2014 年阿里巴巴上市。2018 年聚光灯打在了小米身上，在经济形势低迷的环境中，小米上市似乎映射出一种特别的愿景："许商业以敦厚，许科技以温暖，许大众以幸福，我们的征途是星辰大海。"

短短 8 年时间，从用户体验打造，到电商渠道红利的抓取，再到生态链贴牌，小米以一己之力塑造了"新国货"崛起的传奇。从消费和制造的角度，2017 年小米手机销量达 9140 万台，较 2016 年大幅增长 64. 9%，位居全球第四；2017 年小米海外市场收入超过 320 亿元，已进入全球 74 个国家和地区，并在全球 15 个国家和地区进入智能手机销量前五名；小米建成了世界最大的消费级物联网平台，连接了超过 1 亿台智能设备（不含手机和笔记本电脑）。

在很多人看来，小米成功的关键在于高性价比，但雷军给出的答案或许更精准："高性价比的本质是效率革命、技术革命和认知革命。"其实，小米不仅重视产品研发，也重视专利研发。数据显示，小米目前在全球的专利拥有量为 4806 件，其中国际专利 2404 件，占总量一半。小米的招股书显示，其营收主要来自四大业务板块：智能手机、物联网、生活消费产品、互联网服务及其他。多元化布局显而易见，除智能手机之外，其他业务条线贡献的营收占比接近 30% 。

小米广泛布局和生产智慧家电品类，构建起手机周边、智能硬件、生活消费品三层产品矩阵，小米的物联网与生活消费产品分部 2017 年的营业收入为 234. 4 亿元，同比增长 88. 8% ；此外，小米商城还是中国第三大 3C 与家电类电商平台，线下坪效位居全球第二，仅次于苹果。

一个接一个的商业奇迹将小米捧上神坛，它为何能平地起高楼，一举成为世界级的互联网企业？首先当然是中国的超级市场和特殊的时代机遇所致，正如小米科技联合创始人刘德曾在公开演讲中谈到的："其实在中国做公司非常容易，因为中国是个大市场，人口众多……但是做一家大公司很难，要把这个问题说透是很沮丧的一件事情，因为跟你个人没什么关系。大公司都是时代造就的，你踩在时代的风口上，而且很幸运没有做什么错误决策，就可能成为大公司。如果没有这样的机会，不管你多努力都是人力所不及的。"

抓住了时代风口的公司不止小米，滴滴、摩拜、ofo、新美大、饿了么——仅仅是与互联网相关的新兴企业已不胜枚举，而"独角兽"公司的名单还在陆续增加，更大的变动也正在悄然发生。隐形巨头蚂蚁金服无疑是中国估值最高的未上市公司之一，也是其中最令人期待的"新物种"。

2015 年 7 月，蚂蚁金服完成了 120 亿元人民币的 A 轮融资，估值达 450 亿美元。而仅在 8 个月后，蚂蚁金服进行了 45 亿美元的 B 轮融资，其估值上涨三分之一，高达 600 亿美元。时间推移，估值仍高企。

蚂蚁金服起步于2004 年成立的支付宝，当时的支付宝只是一个担保交易工具。2013 年 3 月，支付宝的母公司阿里巴巴宣布，将以支付宝为主体筹建小微金融服务集团，即蚂蚁金服的前身。2014 年 10 月，蚂蚁金服正式成立。

以支付宝为主体，背靠阿里巴巴的强大体系，蚂蚁金服一开场就有不俗表现。2013 年 10 月，它的第一笔对外投资即以 11.8 亿元人民币认购天弘基金管理有限公司 2.623 亿元的注册资本，持 51% 股份，成为天弘基金最大控股股东。

投资天弘基金之前，支付宝已于2013 年6 月与天弘基金合作推出名为“余额宝”的产品。当时支付宝的担保交易模式导致大量资金沉淀在担保交易中，能否产生利息成为各方关注的问题，余额宝的构想也随之产生。

余额宝在支付宝账户内嵌入了天弘基金旗下名为“增利宝”的货币基金，这使得天弘基金的规模在五个月内变成了 1000 亿元，跃居国内最大规模的货币基金，一时惊动朝野。由此可见，天弘基金对蚂蚁金服的重要性不言而喻，天弘基金为支付宝盘活资金起到了关键作用，日后也成为蚂蚁金服理财业务板块的核心支柱。

不过，余额宝事件已然给蚂蚁金服某种警示，它遂将自己定位为互联网金融服务生态系统，通过对外投资与内生性发展，逐步形成了五大业务板块：支付、理财、融资、综合金融与金融基础设施。

在蚂蚁金服的投资中，如果说那些与金融业务相关的投资是为了进攻，为了扩大业务版图，那么另一些看似与金融业务无关的投资，比如口碑网、饿了么、滴滴出行、淘宝电影、百盛中国等，则是为了投资场景，以巩固支付宝的市场占有率，这一类投资是为了防御。当然，蚂蚁金服在支付入口和场景方面的投资，主要跟随支付宝的变化而进行。随着支付宝从担保交易工具逐渐发展为移动支付工具，更多想象空间被打开了。

在支付宝的巨大用户红利吸引下，众多支付宝商家争相进入这个生态系统。截至 2017 年底，蚂蚁金服服务的商家总数已经超过 4000 万家，是年初的 4 倍，开放生态的活跃服务商超过 1.7 万家，是年初的 1.7 倍。我们似乎可以预见，蚂蚁金服基于互联网、大数据、人工智能等技术构建的新商业基础设施已趋于成形。

通观小米和蚂蚁金服的发展脉络，在中国高速成长的风口上，企业一旦押宝成功，仅仅几年成为行业翘楚乃至世界一流都是顺理成章之事。这种印象除了增添一些对时代大而无当的感怀，并无助于体认商业剧变的本质。而滴滴公司案例恰恰为我们提供了更接近常态的创业故事。

滴滴的创始人程维 1983 年出生于江西上饶铅山县河口镇的普通家庭。21 岁毕业于北京化工大学，22 岁加入阿里巴巴做销售，29 岁离职创立滴滴。

据说高考时，程维忘了翻开数学试卷最后一页，漏做了三道大题，最终考上了不属于名校的北京化工大学。他原本打算选择信息技术专业，却被调剂到行政管理专业。戏剧性的是，那年和程维一起考入北京化工大学的，还有个叫陈伟星的——后来“快的打车”的创始人。

在江西小镇长大，读大学之前甚至从未离开过小镇的程维，刚毕业时卖过保险、应聘过足疗店，兜兜转转才到了阿里巴巴做销售，领着 1800 元的底薪。2005 年到 2011 年，6 年时间，他从职场小白变成了阿里 B2B 部门最年轻的区域经理。同年，升任支付宝 B2C 事业部副总经理。

当时程维年仅 29 岁，前途不可限量，但他还是想创业。那时候他创业的机会应该也有很多，但他没有贸然行动，而是反复推演琢磨了 9 个月。程维沉稳而坚毅的性格，在日后滴滴与摇摇招车、快的、优步等 30 多个对手的竞争中逐渐显露。

2013 年 6 月快的打车开通全国 30 个城市，并与去哪儿、高德地图、百度地图、支付宝达成战略合作伙伴关系，为其打车功能提供服务支持；与此同时，滴滴打车也遍布全国各地，双方短兵相接，互不相让。

2014 年 1 月份，随着腾讯 1 亿美金融资到位，滴滴打车开始发放红包，而快的在阿里巴巴的支持下也紧随其后。双方红包大战一度达到癫狂状态。

补贴大战结束后，订单数明显回落。据双方公开数据，在历时近半年的补贴活动中，滴滴打车补贴规模超 14 亿，快的打车也补贴近 10 亿。2014 年 5 月，在双方补贴大战的胶着状态下，快的和滴滴不得不同时宣布停止对乘客的现金补贴。“两年时间花掉 15 亿元，可以说我们是最烧钱的互联网初创公司。”程维后来坦承道。于是，有了 2015 年 2 月 14 日情人节滴滴与快的合并。

紧接着，估值是滴滴 4 倍之巨、超过 500 亿美元的优步登陆中国。优步曾找到滴滴谈判——要么接受其投资占股 40% 的要求，要么它将在中国投入超过10亿美元的现金参与正面搏杀。滴滴没有选择妥协，程维决心已定：尔要战，便战！

期间的激烈拼杀不提。据媒体的报道，2015年两者的亏损之和超过了200亿元。烧钱已经看不到未来，资本、政策重重压力之下，互联网最出名的那次合并终于出现了：2016年8月1日，滴滴宣布将收购优步在中国的品牌、业务、数据等全部资产，并在中国运营。滴滴向优步投资10亿美元，优步取得新公司20%的股权。

至此，滴滴方才坐稳了中国网约车市场的头把交椅，占据了中国网约车市场九成份额，市值逾3000亿。

2008年至2018年这十年恰如吴晓波所言，“激荡十年，水大鱼大”，作为中国企业史的观察者，他曾在书中写道：“这个时代从不辜负人，它只是磨炼我们，磨炼每一个试图改变自己命运的平凡人。有人叹息青春散场，历史已经结束了。但是今天更多的人开始吟唱——世界如此之新，一切尚未命名。”

改革开放40年百部企业案例图书

蓝狮子精选书单

顺势而为——雷军传

相关企业：小米　作者：采文　出版社：哈尔滨出版社　2014 年版

本书主要介绍了雷军上大学、开始创业、到加入金山、再到成为天使投资人、一直最后创立小米公司的过程。

绝不雷同：小米雷军和他的移动互联时代

相关企业：小米　作者：余胜海　出版社：广东人民出版社　2015 年版

成功是顺势而为的大智慧，也是不忘初衷的梦想！资深财经作家余胜海继《华为还能走多远》后的重磅力作，通过多年的近距离观察，以大量鲜为人知的丰富细节，真实地展现了雷军的奋斗史，全方位破解小米神话之谜。这本书还将带您走进雷军的内心世界，感受他的商业智慧，从中得到激励、感悟和灵感，实现自己的创业理想！

2010 年，雷军站在风口上创办了小米公司。2014 年，小米估值高达 450 亿美元，成为全球商业史上成长最快、价值最高的未上市科技公司。小米手机上市后更屡创销售奇迹，短短 4 年销售收入突破百亿美元。本书将为您解锁小米时代背后的终极密码！

九败一胜：美团创始人王兴创业十年

相关企业：美团　作者：李志刚　出版社：北京联合出版社　2014 年版

这本书的主角——王兴，恰好就是一个很好的学习对象。出生于 1979 年的王兴，很早就创业了，2004 他就开始和同学一块创业，2005 年做出了校内网；2007 年，他又做出了饭否网——这是中国最早的类似 twitter 的网站。

2010 年，他又做出了美团网。

校内网、饭否网在王兴的创业路上都留下了遗憾，没有获得圆满的结局。

到了美团网，这家从 5000 余家团购网站里杀出一条血路的公司，已经成为目前最受关注的创业公司之一。2014 年 7 月，美团月交易额突破 39 亿元，8 月 2 日，单日交易额突破 2. 27 亿元。

在美团诞生的三年里，王兴完成了巨大的蜕变，从极客、产品经理到优秀的 CEO、企业家。我试图在这本书里，寻找到王兴蜕变的原因。

逐日英雄施正荣

相关企业：尚德　作者：辛华　出版社：中信出版社　2008 年版

本书全程记录了施正荣的人生经历和创业历程，讲述了他从一个穷书生变为 23 亿美元身价中国首富的不凡经历，首次解密无锡尚德快速成长的财富神话和成功之道。他是拥有十多项太阳能电池技术发明专利的科学家。

他是第一位入主美国纽约证券交易所的中国民营企业家。

他是衣着朴素、举止儒雅的中国新首富。

他缔造了中国最大的太阳能光伏企业之一无锡尚德。

他就是今天中国的“太阳王”施正荣。

名创优品没有秘密

相关企业：名创优品　作者：杜博奇　出版社：中信出版社　2016 年版

这本《名创优品没有秘密》是首本专门针对名创优品进行阐述的图书。在深入研究名创优品商业模式的基础上，它全方位解读其模式，破译其成功的密码，为诸多对名创优品感到好奇、想要了解的人士提供了全面的分析和剖解，为想要创业的后来者也总结了许多经验和心得。

顺丰模式你学得会

相关企业：顺丰　作者：刘伟毅　出版社：红旗出版社　2014 年版

现如今，在商业大变革的背景下。顺丰已经成为一种现象，大众除了每天都用它来收发快递外，又是否留意过为何现在的顺丰 logo 随处可见？网络上关于顺丰的事件为何层出不穷？而你又为什么愿意使用顺丰？首先这绝对不是“孕妇效应”。顺丰现在确实越来越火——29 万员工高效执行、600 万客次日接单量、200 亿元营业奇迹业内标杆！这些数字背景下，我们也确实有必要思考——为什么是顺丰!？

银证股权基金管理董事长、投资决策委主席刘伟毅通过对顺丰发展历程和独特商业模式的介绍和透析，让读者对身边的现象级热点企业的经营智慧有所了解，并以此为实例，对自身的管理和对当前先进商业模式的发展有所顿悟。总之，看企业家的故事，不如学企业的成功模式！

中国快递桐庐帮——“三通一达崛起之谜”

相关企业：“三通一达”　作者：孙侃　出版社：红旗出版社　2014 年版

《中国快递桐庐帮》以桐庐籍快递企业的发展、壮大为线索，以文学笔调，生动、全面、系统、真实地叙述桐庐籍快递企业的创业历程和发展成就，着重展现桐庐快递在中国经济发展和民生服务领域所发挥的不可替代的作用，展示和剖析了桐庐快递创业者敢闯敢试、不懈追索的气魄和不畏艰难、勇于创新的时代风采。作品将以桐庐人文历史为背景，深入探究桐庐何以成为“中国民营快递之乡”的成因和规律，弘扬桐庐快递精神。

借力咨询：德邦成长背后的秘密

相关企业：德邦　作者：官同亮　王祥伍　出版社：中华工商联合出版社 2016 年版

全程客观记录德邦发展极具参考价值。

一贯低调的德邦，首次开口，这几年在忙什么？

从 2010 年到 2014 年，经过四年的咨询实践，德邦正是用借来的光，照亮了前进的路。使用咨询公司的四年，是德邦史上规模扩张最为迅速的四年。网络门店数量从 1000 家飙升至 5300 家，员工总数从 2 万人增至 7 万人；使用咨询公司的四年，也是德邦管理最为稳健、对未来最充满信心的四年。德邦不仅将年营业收入从 24 亿元提高到 112 亿元，还十几年来第一次涉足新的业务领域并迅速站稳脚跟。

借力咨询，正是德邦快速成长背后的秘密。德邦同样认为，借力咨询，是很多梦想做大做强或谋求变革的中国企业可以选择的一条实用之路。德邦愿意将自己业已积累和沉淀出的一套与咨询公司发展共赢的合作逻辑。毫无保留地和盘托出。从甲方视角，看待咨询合作的独门力作！

二、消费升级带来的跨国企业机遇

在中国市场，跨国公司尽管整体上呈现被压制的状态，但由于中国消费市场的不断扩大和升级，高科技企业、高端酒店、奢侈品等行业的相关公司仍然在不断扩大它们在中国市场的份额。

典型企业：

高科技企业：苹果、特斯拉、SpaceX 等

高端酒店：四季、万豪、希尔顿等

奢侈品：LV、爱马仕、普拉达等

2018 年，美国东部时间2 月6 日下午3：45，北京时间2 月7 日4：45，SpaceX 的猎鹰重型火箭（Falcon Heavy）成功发射，这是航天史上一个新的里程碑。猎鹰重型火箭是世界上现役运力最强的火箭，在人类航天史上仅次于土星五号，它可以把63.8 吨的重量推入近地轨道，可以把16 吨的重量送达火星。

相比之下，国内最强的长征5 号运载火箭，能把25 吨重的货物投递到近地轨道，把5 吨重的货物送达火星，也就是说，我们的火箭运载能力，连猎鹰的一半都达不到。

SpaceX 即美国太空探索技术公司，由被称作“硅谷钢铁侠”的伊隆·马斯克（Elon Musk）于2002 成立。天生彪悍的企业家罗永浩曾这样评价马斯克：

“他17 岁一个人离开南非的家去加拿大寻找新生活，21 岁拿到宾夕法尼亚大学的奖学金到美国读书，28 岁时以3 亿美元卖掉了他创办的第一家互联网公司，31 岁时以15 亿美元卖掉了他和彼得·蒂尔联合创办的第二家互联网公司。然后，他拿着自己全部的财产投身实业，自杀般地同时从事航空航天、电动汽车和太阳能这三个发展长期停滞不前的高科技行业。最艰苦的时候，面临其中两家企业同时倒闭的危险，被庸众当作兜售虚假希望的骗子。最后，他忍受着难以想象的屈辱和压力，奇迹般地把这三家企业都做成了：SpaceX 成为航空航天业最稳定的运营商，特斯拉成为全球最酷最畅销的纯电动豪华汽车，太阳城成为最大的消费者商用太阳能电池板安装供应商。”

如果说火箭是奔赴苍穹的，距普通人的生活尚远，那么特斯拉电动车则频频现身街头，国人大抵不会太陌生。新能源汽车已成为当前的消费热点。2017 年，中国新能源车市场的体量占全球的 40%，而特斯拉在中国市场的收入也占到了其总收入的 17%。除了探索辽阔的太空，广阔的中国恐怕也是马斯克需要深入开垦的地域，尤其对于 2018 年一季度亏损 7.85 亿美金的特斯拉而言。

根据财报披露的消息，特斯拉目前拥有 27 亿美元现金。这并不算少，福特的生产规模比特斯拉大得多，其现金储备也不足百亿美元。但按彭博社的计算，特斯拉每分钟烧钱 6500 美金，其现金在 2018 年底之前就将耗尽。

华尔街对特斯拉似乎已经失去了信心，信用评级机构穆迪 2018 年将特斯拉信用评为“垃圾级”，而摩根大通也给出了“减持”特斯拉股票的建议。

“西方不亮东方亮”，2016 年，美国新能源乘用车销量为 16 万台；2017 年，这一数字增至 20 万台，年增长率 25%。同一时期，中国的新能源乘用车销量增长率约为 75%，而特斯拉的市场份额不到 5%。无论是 Model S、Model X，还是 Model 3，特斯拉电动车在美国的市场前景，都没有想象中那么美好。反而是全力推动新能源车产业的中国，伴随中产阶层崛起、消费升级的大浪潮，拥有着庞大的市场潜力。根据工信部的规划，2020 年，中国新能源车销量占比要达到 10%，即近 300 万辆。

特斯拉将以何种方式全面进军中国，能否赢得中国主流消费群体的认可，我们拭目以待。而另一家美国科技公司，早已成为中国消费者的“掌上明珠”，赚得盆满钵满。

它就是苹果，目前全球市值最高的硬件产品公司，也是全球第一家市值近万亿美金的科技公司。2018 年 2 月和 5 月，苹果分别公布了第一、第二季度财务数据，美国、欧盟和大中华区（包括中国地区、中国香港地区、中国台湾地区和中国澳门地区）位居苹果收入来源地区前三甲。稳步增长的中国市场是苹果业绩的坚实基础。

苹果的创始人乔布斯终其一生也没有来过中国。与乔布斯不同，现任苹果 CEO 库克非常重视中国市场，先后十余次访华，他甚至宣称，希望中国成为苹果的最大市场。

作为世界第二大经济体，中国拥有 13 亿手机用户，居世界第一。2018 年 1 月，中国互联网络信息中心（CNNIC）在北京发布的第 41 次《中国互联网络发展状况统计报告》显示：截至 2017 年 12 月，我国手机网民规模达 7. 53 亿，网民中使用手机上网人群的占比由 2016 年的 95. 1% 提升至 97. 5% 。争夺中国市场对苹果等手机厂商的硬件产品、软件服务和未来战略空间拓展都有举足轻重的意义。

如今，苹果在中国拥有 10000 多名员工，在北京、深圳、上海和苏州建有研发中心。在生产配套环节，除了富士康是苹果最大的供应商外，苹果的 200 个全球供应商合作伙伴中，中国大陆占 21 家。中国有苹果生态需要的巨量消费人群、优质的技术开发者、源源不断的创新人才，又有经验丰富的供应链合作伙伴，中国之于苹果，如同水与鱼的关系。

十多年前，托马斯·弗里德曼在其代表作《世界是平的》中写道，“科技的汇集与传播使得印度、中国和许多发展中国家成为世界商品和服务产品供给链上的一员，从而为世界大的发展中国家的中产阶级带来了大量的财富，而他们终将以更积极的姿态参与推动全球化浪潮。”

明者远见于未萌，今天中国与世界已深度融合，国人对于特斯拉和苹果的狂热追捧更是把全球盛行的消费主义演绎得淋漓尽致。面对盛况空前的中国市场，百年老店希尔顿当然不能缺席。

1987 年 12 月，上海希尔顿酒店开业，时为上海首家由外资经营的国际五星级饭店、中国首家希尔顿酒店。进入中国的前 20 年，相比洲际、万豪等对手在中国的发展势头，希尔顿显然是个“保守者”。当前两者在中国布局多达上百家时，希尔顿在华酒店的数量竟然只有区区 5 家。

直到 2012 年，希尔顿才认定中国是仅次于美国的全球重要市场，逐渐开启扩张战略，一度声称要在 2015 年前，在中国开设 100 家酒店。诚然，现在希尔顿在中国的酒店已然破百，但是很多酒店的开设，只是为了“迎合”地方政府的需求，以致顾不上酒店开业之后，是否会有足够的客源来支撑，于是往往出现经营困境。

希尔顿后来解释，其在二三线城市的扩张是“被要求”的，豪华酒店品牌可以提升地方形象，优化投资环境，受到地方政府的欢迎。希尔顿看似扩张，实际上很多时候都是被请去的，所以难免出现“决策失误”。希尔顿酒店每落户一地，当地基本都会委派副市长以上领导亲自带队参与签约，地方媒体也不吝在新闻稿中堆砌“地标”“成就”等炫耀性词汇，把希尔顿豪华酒店的引入，看作招商引资的政绩。

即便如此，执掌希尔顿十多年的克里斯托弗 · J. 纳塞塔（Christopher J. Nassetta）却在 2017 年宣布了他更为雄心勃勃的中国计划，表示到 2025 年在中国市场管理的酒店数量达到 1000 家，是已开业酒店的 8 倍。

布热津斯基曾开玩笑说，西方人关于中国的认识，有一半是无法理解的，另外一半理解了，但是对不起，理解错了。幽默的言辞流露出某种微妙的迹象——中国经济的繁荣似乎让整个世界都有点茫然无措，人们既是这场历史变局的参与者、见证者，同时又常常困惑于事物急速演进的逻辑。或许，这种困惑以及解开困惑的冲动，正是这些个体和企业投身中国、改变中国的动力所在。

改革开放40年百部企业案例图书
蓝狮子精选书单

四季酒店云端筑梦：世界顶级豪华酒店集团创立者亲述传奇

相关企业：四季　作者：伊萨多·夏普　出版社：南海出版社　2011 年版

一个移民的孩子，没有任何酒店业的从业背景，是怎么从无到有，一手创建了世界上最受人尊敬和最成功的酒店品牌呢?

四季酒店为什么能在半个世纪内成长得如此迅速，并一直保持着无可比拟的服务?

在这本书里，伊萨多·夏普将亲自讲述自己 40 多年酒店经营的传奇人生，阐述他对酒店业的深刻洞见。

真心永驻：万豪的关系竞争力

相关企业：万豪　作者：艾德·福勒　富毅荣　出版社：北京联合出版公司 2014 年版

富毅荣以平实丰富的案例，揭示了万豪集团“以人为本”的经营理念，在他看来，关系在任何一种文化中都有其巨大影响，而关系的培养需要经理人走出办公桌，走上第一线，在沟通中提高顾客满意度和员工忠诚度。

本书中呈现的诸多见解和技巧是从不断尝试和不断犯错中总结出的产物，它们的价值随着时光的流逝得到了验证，将会帮助你在市场上取得立竿见影的竞争优势。

毫无保留：一句承诺成就万豪传奇

相关企业：万豪　作者：［美］小比尔·马里奥特/凯蒂·安·布朗

出版社：浙江人民出版社　2016 年版

万豪国际集团是如何从一间小小的“路边摊”一样的小卖铺“摇身一变”成国际知名酒店连锁集团的？如今，万豪国际集团通过 19 个酒店品牌在全球 80 多个国家和地区管理近 4300 家酒店，拥有众多员工，并被《财富》杂志评为酒店行业中最值得敬仰的企业和提供最理想工作的企业之一。马里奥特家族是如何做到的？

小比尔·马里奥特是商界中出类拔萃的企业家之一。本书向我们讲述了他如何依靠一流的服务、正直的品质、忠诚的性格和卓越的领导力将一个小型家族企业蜕变成为最受敬仰的企业之一。

希尔顿王朝：美国传奇家族的艰苦创业史

相关企业：希尔顿　作者：［美］J. 兰迪·塔拉博雷利

出版社：中国人民大学出版社　2016 年版

从 1907 年买下得克萨斯州的一家小旅馆起，希尔顿酒店集团创始人康拉德·希尔顿一路走来，经过两代人的艰苦奋斗，一手建立起庞大的连锁酒店王国，成就了今日涵盖美洲、欧洲、亚洲等地区的事业版图，经营管理着美国、英国、中国等全球 70 多个国家的数千家酒店。

帝国崛起的年代正是美国经济大萧条时期，像希尔顿这样一个小人物又是如何在国家遭遇金融混乱的时候一路高歌？

希尔顿家族总是与好莱坞女明星们有着各种错综复杂、剪不清、理还乱的关系？

希尔顿家族第三代继承人妮基·希尔顿与罗斯柴尔德家族的联姻，以及帕丽斯·希尔顿不断传出的丑闻是商业炒作还是性情使然？

与 2016 年美国总统竞选热门人物唐纳德·特朗普那段联手收购酒店的传奇经历如何让希尔顿家族从赌城陷阱中全身而退……

在火星上退休：伊隆·马斯克传

相关企业：特斯拉、SpaceX　作者：［美］亚当·杰弗逊

出版社：上海人民出版社　2015 年版

伊隆·马斯克挑起了三大尖端产业的革命——太空火箭、电动车与太阳能发电。任何一个，都是国家级的事业。伊隆·马斯克却能独立挑战这一切。他的传记不只是讲述了他的传奇，同时讲述了他为什么能成就这些传奇。

从伊隆的冒险家基因，他在南非的童年、少年到北美的青春岁月，加拿大皇后大学、沃顿商学院的另类大学生活，到开创性的五个时代——硅谷互联网公司 Zip2、PayPal、SpaceX 火箭公司、特斯拉电动汽车公司以及太阳能发电公司。伊隆·马斯克说，“人类应该成为星际物种。”这不是科幻。他缔造了特斯拉，他发射了私人火箭，他推动了绿色能源革命，他还能干什么？答案就在这本《在火星上退休——伊隆·马斯克传》中。

硅谷钢铁侠：埃隆·马斯克的冒险人生

相关企业：特斯拉、SpaceX　作者：［美］阿什利·万斯

出版社：中信出版社　2016 年版

硅谷资深科技记者阿什利·万斯与马斯克超过 40 个小时的深度对话，记录了他从粗放贫瘠的南非到国际商业世界顶峰的不凡之旅。在三年多的时间里，作者首次深入特斯拉、SpaceX 等公司，采访了马斯克的伙伴、员工、家人、朋友超过 300 人，真实地讲述了马斯克在创立、运营他那些足够改变世界的公司（包括 PayPal、特斯拉、SpaceX 和太阳城）时发生的惊人故事。同时也揭示了企业家和创业者如何专注于创业本身，并同时管理多领域公司所需要的能力、方法和经验，以及如何在与许多竞争对手交手时不断推进企业创新的步伐。

奢侈：爱马仕总裁回忆录

相关企业：爱马仕　作者：［法］克里斯蒂安·布朗卡特

出版社：广西师大出版社　2014 年版

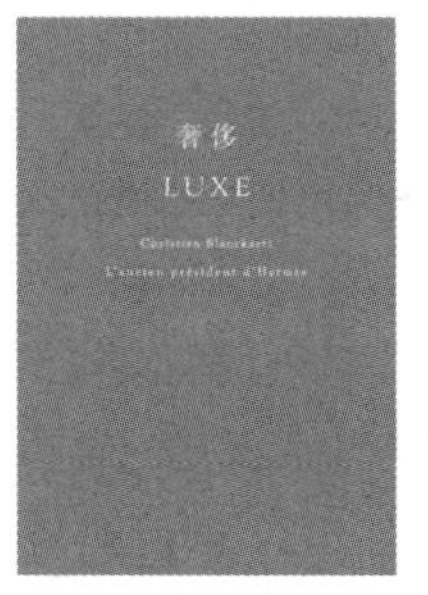

全球奢侈品业最中心人物的切身观感与记录。

融合家族、品牌、集团、金钱、权力、荣耀、传统、创意、人性、欲望、品质与美的体认与书写。

一本于时间源头理解奢侈本质的品牌传记。

一本朴素手艺精神结合现代企业管理的商界教科书。

一本纵横年代、地域视野，探讨美与创意之源的格调典范。

一次很偶然的机会，布朗卡特进入奢侈品行业，并空降到爱马仕这一豪华的“星球”。此书是他 2009 年从爱马仕离任后以日记体呈现的回忆录。在书中，作者记录了在爱马仕担任 CEO 期间与全球各界名流的交往和这个行业的故事，而这些故事通常断断续续写于旅途与公差途中。无论如何，此书的中心仍然是爱马仕这个奢侈品王国，它的理念、它的工匠、它的神秘，及展现在作者眼中的它的魅力和灵魂。

普拉达传奇：风格即我

相关企业：普拉达　作者：吉安·鲁吉·帕拉齐尼　出版社：中国经济出版社 2013 年版

女共产主义者和小皮匠的爱情，点燃了一个品牌的帝国之梦。《普拉达传奇：风格即我》是被誉为“世界上最保守和最令人敬畏的设计师”缪西娅·普拉达的传记，详细描述了她的女性主义情结、审美标准、严谨作风和戏剧性的婚姻生活，书中配有 70 多幅缪西娅·普拉达本人的生活照和普拉达发布会的照片，从多方面向读者展现普拉达品牌的形象，揭秘缪西娅·普拉达难以捉摸的个性背后的真我性情。

参考资料

[1]《浙商大佬鲁冠球去世，身后留下庞大万向帝国》 作者：缪凌云 来源：钛媒体野马财经

[2]《从工厂学徒到2817亿市值企业家，美的何享健创业的一生!》 来源：公众号-每日创业项目推送

[3]《刘永好的创业感悟》 作者：刘永好 来源：2001年北京大学演讲

[4]《TCL李东生：千亿巨头一辈子就干这个事》 来源：搜狐网转载

[5]《TCL低调的CEO李东升——鹰的重生》 来源：搜狐网

[6]《激荡三十年》 作者：吴晓波 中信出版社

[7]《变革中国：市场经济的中国之路》 罗纳德·哈里·科斯 中信出版社

[8]《发展和改革蓝皮书》 主编：邹东涛 副主编：欧阳日辉社会科学文献出版社

[9]《“红色”华润专题报道》 来源：网易财经专题报道

[10]《华润集团发展历程中的五次转型》 来源：华润辽宁医疗有限公司官网企业介绍

[11]《华润简介华润集团背景后台大揭秘华润集团的前世今生》 来源：深港在线报道

[12]《历史丨宝山钢铁的建设发展之路》 作者：石启荣 来源：

经济参考网、信息网
[13]《宝钢历史上的那些事儿》 作者：董东旭 来源：360个人图书馆
[14]《回忆宝钢建设》 作者：孙名强 来源：中国人民政治协商会议上海市委员会
[15]《企业历史》 作者：招商局 来源：招商局官网简介
[16]《深圳蛇口工业区改革实录：37年后，袁庚在成立纪念日辞世》 作者：计思敏 来源：澎湃新闻
[17]《徐庆全：袁庚是改革开放史上的重要标本》 作者：徐庆全 来源：澎湃新闻
[18]《经典回顾：日本丰田汽车在中国的攻略》 来源：网易汽车频道
[19]《在那个敏感的年代，来自日本的丰田是怎样走进中国?》 作者：车干 来源：车家号－雅斯顿
[20]《外资40年：说一句谢谢，道一声祝愿》 作者：秦朔 来源：秦朔朋友圈
[21]《可口可乐公司进入中国的“三部曲”对我国企业走出去的启示》 作者：王正旺、闪伟强 来源：中国经贸导刊
[22]《党报旧闻：可口可乐如何进入中国?》 作者：祝华新 来源：人民网－舆情频道
[23]《商院案例：可口可乐如何打开中国市场》 来源：新浪财经
[24]《可口可乐转型阵痛：碳酸饮料衰落中国市场形势严峻》 作者：吴容 来源：中国经营报
[25]《松下幸之助的中国情怀》 作者：陈永昌 来源：人民日报海外版

[26]《中国改革开放与松下电器的中国事业》 作者：白益民 编辑：王维 来源：【日本第一】

[27]《从改变生活到改变世界松下百年发展都经历了什么?》 作者：马景东 来源：泡泡网

[28]《联想 VS 索尼：中国现代商业史上永远的痛》 作者：王育琨 来源：制造界，

[29]《关于联想的 10 件趣事》 作者：小言 来源：威锋网

[30]《观点｜柳传志的局限与联想危局》 作者：冯金辉 来源：再查查资讯

[31]《回顾联想 33 年发展史，柳传志传授 CEO 如何把握当下机遇，正确制定战略》 作者：柳传志 来源：创业邦

[32]《健力宝发展历程》 作者：吴澄辉 来源：百度文档

[33]《“我死了比活着舒服”，健力宝李经纬如何被搞垮至成为“罪人”》 作者：浅夏 来源：创业邦杂志

[34]《“中国魔水”健力宝的陨落，到底是谁惹的祸?》 作者：土匪投资日记 来源：今日头条

[35]《健力宝的兴衰背后：一夜爆红和解决问题，哪个更重要?》 作者林达 来源：有空多看看

[36]《王石：房产教父的放下和坚持》 作者：任鸽 来源：《中国企业报》

[37]《万科发展史之中篇——共融共生》 作者：中山万科 来源：公众号－中山万科

[38]《有多少责任，就有多少委屈》 作者：王石 来源：21 财闻汇

[39]《王石自述：我的道路与选择｜温故》 作者：王石 来源：万科周刊

[40]《中国保险业的发展历程》 作者：余海燕 来源：百度文档

[41]《中国太保启示录：五年战略转型与中国保险业新方位》 责任编辑：李亦斐 来源：网易新闻

[42]《王传剑：华能集团成立前后》 作者：王传剑 沈小波 来源：《能源》

[43]《越秀集团的五个发展阶段》 来源：和讯房产网

[44]《越秀三十年》 作者：杜博奇 中信出版集团

[45]《摩托罗拉：没落贵族兴衰史》 作者：赵谨 来源：新京报（北京）

[46]《摩托罗拉发展史：一代巨头的兴衰》 译者：乐邦 来源：网易科技报道

[47]《大众汽车历史故事》 来源：大众汽车官网介绍

[48]《不能忘本！回顾大众汽车发展史》 作者：阿甘 来源：车家号

[49]《那些第一次：皮尔卡丹与中国的不解之缘》 责任编辑：王晓易 来源：网易女人

[50]《肯德基（KFC）在中国的发展经历了哪三个阶段?》 作者:连锁加油站 来源：搜狐新闻

[51]《他是从农村走出的“一代标王”，赚27亿后锒铛入狱，如今还要重返人间!》 作者：悠悠 来源：公众号－创业中国

[52]《大败局上2：一个成龙被代言垮的企业》 原创：刘远标 来源：老表读书圈

[53]《与VCD一同谢幕的大佬们》 作者：孙维晨 来源：中国经济周刊（北京）

[54]《我们投入3.2亿元广告费赚回的是7亿元—访秦池集团姬长孔》 作者：张忠资料 来源：中国经营报
[55]《一代标王——秦池，衰败背后不为人知的秘密》 作者：练燕杰 来源：凯迪网络转载
[56]《揭开一个真实的国美——国美电器发展史》 作者：亮剑 来源：新浪微博
[57]《微软发展历史》 来源：360个人图书馆
[58]《微软中国之路（1992—2006）微软与中国关系演进图》 来源：网易科技频道·专题报道
[59]《安利进驻中国20年许绍明：在挑战中磨炼，在变化中成长》 编辑：叶霖嘉 来源：中新网海南
[60]《安利在中国的两次转型》 来源：科特勒，凯勒和卢泰宏著；卢泰宏，高辉译. 营销管理：第13版·中国版. 北京：中国人民大学出版社，2009，pp. 20—21，“营销在中国：安利在中国的两次转型”
[61]《安利（中国）跌宕起伏的发展史》 作者：金错刀 来源：《风雨安利的强势突围》 陕师大出版社
[62]《跨越：柯达在中国》 作者：袁卫东 来源：中信出版社
[63]《胶片行业的没落柯达失意中国》 作者：谭伟 来源：北京周报
[64]《1998：柯达十亿美元“豪赌”中国》 来源：第一财经日报
[65]《从造冰箱到造汽车追溯吉利汽车发展史》 作者：许振宇资料 来源：网上车市
[66]《民企造车的辛酸路吉利汽车发展历史回顾（图）》 作者：张文君 来源：汽车之家

[67]《万达这30年——巨头成长史》 作者：华领观察资料 来源：华领观察百家号
[68]《读万达发展史感受企业家精神》 来源：网易新闻频道
[69]《首富王健林的成功史：9天9夜没睡觉3年打222场官司》 来源：网易财经频道
[70]《盘点：腾讯17年，一个帝国的成长史》 作者：刘旷 来源：创业邦
[71]《腾讯与马化腾：腾讯的发展历程》 作者：房名庭 资料来源：成长泰然（百家号）
[72]《吴宵光：腾讯17年发展史上的14个关键点》 来源：腾讯开放平台原创
[73]《腾讯传（1998—2016）：中国互联网公司进化论》 作者：吴晓波 浙江大学出版社
[74]《高盛的“中国生意经”》 作者：刘永刚 来源：中国经济周刊
[75]《一篇文章看透高盛的来龙去脉》 来源：格上理财出文
[76]《高盛：看好中国全世界都在关注中国增长的故事》 作者：石贝贝 来源：上海证券报
[77]《绝密！优衣库是怎么一步步进入中国市场？| 案例分享》 来源：搜狐财经大麦电商
[78]《在中国通吃的优衣库，究竟隐藏着什么秘密?!（深度）》 作者：白小起 来源：经营指数专刊（微信号：rentouclub）
[79]《优衣库发展历程30年的时间都做了什么?》 编辑：刘勇辉资料 来源：虎嗅网
[80]《详解优衣库在中国为什么成功：和中国城市一起发展》 来源：财经天下

[81]《eBay 的全球扩张之路：两次进军中国市场》 来源：天下网商
[82]《电商发展史：淘宝与 eBay 的大战之谜》 作者：黄若 来源：创业邦
[83]《易趣中国秘史》 来源：硅谷密探
[84]《小米 IPO，中国将告诉世界什么?》 作者：秦朔 来源：秦朔朋友圈
[85]《小米：找到属于自己的大风口》 作者：张晋禹 来源：评论悦读会
[86]《小米生态链成长之路》 作者：刘德 来源：五只松鼠小推车
[87]《外延扩张、三年估值直逼百度，蚂蚁金服是怎么做到的?》 作者：刘一鸣 来源：《财经》
[88]《从小蚂蚁到独角兽一文回顾蚂蚁金服的成长历史》 作家：由曦 来源：太平洋电脑网
[89]《滴滴，出行帝国的战争史》 作者：刘鹏 来源：动点科技
[90]《35 岁身价 165 亿，滴滴程维：为什么年轻时，要选难走的路?》 作者：粥左罗 来源：粥左罗
[91]《创建到发展 | 滴滴程维》 来源：腾讯科技
[92]《封面 | 程维战栗》 作者：焦丽莎 来源：中国企业家杂志
[93]《苹果十年“中国结”十年间苹果》 作者：杨砺 来源：新华网财经频道（新京报）
[94]《一个外国人眼中的苹果中国成长史》 作者：风帆资料 来源：腾讯科技

[95]《从公司愿景，看苹果中国市场战略》 作者：张志春 来源：T鹰汇
[96]《苹果王国能否延续传奇？且看库克来书写》 作者：张志春 来源：T鹰汇
[97]《希尔顿4年100店“下基层”》 来源：网易特别策划
[98]《扩张“捆绑”地产商存隐忧》 来源：网易特别策划
[99]《为了拿下年轻人和中产，希尔顿要在中国把酒店开到1000家》 作者：王卓琼 来源：21世纪商业评论
[100]《中国新能源汽车“暗战”云起乱象之下必有勇夫》 作者：车市红点 来源：易车网
[101]《特斯拉凭什么让中国新能源车“超速”前进?》 来源：特斯S拉官网
[102]《我国电动汽车企业与特斯拉的差距到底在哪里?》 作者：刘文婷 来源：赛迪智库
[103]《特斯拉与国产电动汽车中国宏观环境的比较优势分析——基于PEST模》 作者：李珊 来源：消费导刊
[104]《只有中国才能救特斯拉》 作者：车东西Origin 来源：智东西

由于本书所用资料涉及范围较广，使用的部分资料其版权所有者无法一一取得联系，请相关版权所有者看到图书后，与蓝狮子企业研究院联系，以便敬付稿酬。

来信请寄：杭州市西湖区北山街道白沙泉 158 号

邮编：310000

电话：0571 - 86535630